上证 50ETF 期权的隐含波动率及其价差的应用研究

Applied Research on Implied Volatility and Spread of SSE 50ETF Option

殷方盛 余 湄 著

对外经济贸易大学出版社
中国·北京

图书在版编目（CIP）数据

上证 50ETF 期权的隐含波动率及其价差的应用研究 / 殷方盛，余湄著. -- 北京：对外经济贸易大学出版社，2025. 1. -- ISBN 978-7-5663-2690-4

Ⅰ. F832.53

中国国家版本馆 CIP 数据核字第 2025EN9751 号

上证 50ETF 期权的隐含波动率及其价差的应用研究

Applied Research on Implied Volatility and Spread of SSE 50ETF Option

殷方盛　余　湄　著

责任编辑：史伟明

出版发行：对外经济贸易大学出版社
社　　址：北京市朝阳区惠新东街 10 号
网　　址：www.uibep.com
资源网址：www.uibepresources.com
邮政编码：100029
邮购电话：010－64492338
发行部电话：010－64492342
E-mail：uibep@126.com

成品尺寸：170mm×240mm
印　　张：11.25
字　　数：157 千字
ISBN 978-7-5663-2690-4
印　　刷：北京九州迅驰传媒文化有限公司
版　　次：2025 年 1 月北京第 1 版
印　　次：2025 年 1 月第 1 次印刷
定　　价：45.00 元

本书的出版受到国家自然科学基金面上项目“期权定价、隐含信息与资产配置研究”（项目编号：72071046）的资助。

前　言

随着我国资本市场的快速发展，对外开放程度的不断加深，市场参与者对风险管理工具的需求大幅增加。2015 年 2 月 9 日，上交所正式推出上证 50ETF 期权，这是国内第一只场内期权。2019 年 12 月 23 日上交所、深交所和中金所分别推出沪深 300ETF 期权和沪深 300 股指期权。这对进一步满足投资者的避险需求，完善我国资本市场风险管理体系以及促进资本市场稳步健康发展具有重要意义。

相比直接在现货市场进行交易，期权合约本身具有杠杆属性、能够进行卖空交易以及较低的交易费用等优点，使得具有信息优势的投资者更加偏好在期权市场进行交易。期权价格本身会受到多种因素的影响，并且其价格也充分反映了投资者对未来市场走势和风险的预期，因此，期权价格中蕴含了丰富的信息。目前，国际上对期权产品的相关研究主要针对美国的个股和指数期权，考虑到中美两国在市场微观结构、市场的广度和深度以及监管政策方面的差异，国外研究已有的结论，是否在中国市场上同样成立？本书正是基于这样的目的，从我国股票和期权市场的特点出发，对我国期权市场的隐含信息进行研究，试图发现新的研究结论。本书将围绕收益率预测、波动率预测和投资组合问题展开研究，具体的研究内容如下。

第一，本书回顾了上证 50ETF 期权的发展历程，指出我国股票和期权市场所具有的特点。上证 50ETF 期权行权价格的间距较大，受到红利保护，采用实物交割的方式进行清算，并对个人投资者的期权交易实行严格的权限管理。同时，我国股票市场的散户交易者占比超过 80%，市场具有明显的高波动特征。中美两国在市场特征方面的差异会对已有的研究带来怎样的影响？这就有必要对我国期权市场进行系统的研究，或可发现新的研究结论。

第二，不同于美国市场所呈现的左偏形态，上证 50ETF 期权的“微笑曲线”具有明显的对称或右偏的形态，并且看涨和看跌期权的隐含波动率存在显著的差异，表明期权市场中存在着价格压力。为此，本书构建了 3 种不同的价差指标，探究其对收益率的预测能力。研究发现，隐含波动率价差对隔夜收益率具有显著的预测能力，方向与理论分析一致，并且在高波动的市场状态下更为显著；但对日内收益率预测的结果却存在反转现象，并且在低波动的市场状态下更为明显。样本外检验肯定了隐含波动率价差对隔夜收益率预测的信息增量作用。进一步，本书通过构建二元 GARCH 模型，发现期权市场对现货市场的信息溢出效应主要集中在隔夜阶段，具体是通过波动率渠道进行的信息传递，而在日内时间段，期权市场对现货市场的信息溢出效应并不显著。从而为本书的研究提供了内在的机制解释。

第三，探究市场的隐含波动率指数对已实现波动率预测的改进作用。通过两次线性插值，本书构建了平值 – 30 天的隐含波动率指数。将其作为解释变量以扩充 HAR 模型，并使用 5 分钟高频数据计算已实现方差，作为潜在波动率的代理变量。为了评估样本外的预测性能，本书进行了向前 1 天、5 天、10 天、22 天和 66 天的滚动预测，并结合损失函数、Mincer-Zarnowitz 回归和 DM 检验对预测效果进行评价。研究结果表明，隐含波动率中包含与已实现波动率截然不同的信息，加入隐含波动率可以显著地提高预测精度。

第四，第 4 章表明隐含波动率价差对日度收益率并不具有显著的预测能力，因此无法将其扩展至收益率择时的应用中。第 5 章表明隐含波动率可以显著提高波动率预测效果，因此可以将其扩展至波动率择时的应用中。在此基础上，本书考虑了无风险资产和市场组合之间的配置问题。进一步，本书还考虑了期权隐含信息在多风险资产优化配置中的应用。研究结果肯定了期权隐含信息在资产配置中增强投资收益的作用。

本书的系统研究对我国资本市场参与者的风险管理、投资决策以及多层次资本市场的健康发展具有一定的理论和实际应用价值。本书的出版受到了国家自然科学基金面上项目“期权定价、隐含信息与资产配置研究”（项目编号：72071046）的资助。本书的顺利完成也离不开科研小组中王天一老师和邓军老师的指导和帮助。最后，还要感谢对外经济贸易大学出版社在本书出版过程中的辛勤付出！

编　者

2024 年 1 月

目　　录

第1章 引　　言

1.1 研究背景

期权是一种具有悠久历史的金融产品，其萌芽阶段可以追溯至古希腊时期。早期的期权交易都是在场外市场进行，发展不成熟且市场组织框架松散，期权合约的买卖双方需要通过经纪商来完成交易。1973年，芝加哥期权交易所（CBOE）的成立，标志着标准化的场内期权交易时代的到来。最开始，美国的各大交易所推出的都是个股期权，直到1981年夏德—约翰逊协议的达成，现金交割制度的合法化才促使股指期权的诞生。在20世纪90年代后期，随着美国交易型开放式指数基金（交易所交易基金，ETF）市场规模的发展壮大，以ETF为标的资产的期权产品被创造出来。期权产品在欧美发达市场的成功，标志着金融市场和金融产品的创新，同时也为新兴市场国家和地区起到了示范作用。不同于欧美期权市场从个股到股指再到ETF的发展路径，新兴市场国家和地区优先发展交易较为简单、监管较为容易并且难以操纵的股指期权。在世纪之交，韩国、印度和我国台湾均推出了各自的股指期权。

自上海证券交易所和深圳证券交易所成立的30多年来，我国资本市场发展迅速，总市值规模已跃居全球第二。2004年1月2日，上证50指数正式推出，该指数由沪市A股中规模最大、流动性最强的50只股票组成，反映上海证券市场中最具影响力的一批优质企业的股票价格表现。2005年2月23日，跟踪上证50指数的境内首只交易型开放式指数基金，即上证50ETF正式上市交易。在此后的十多年间，我国资本市场进入发展快车道，与国际市场的融合不断加深，金融机构对风险管理工具的需求大幅增加，在此期间，衍生品市场也得到了长足的发展。2015年

2 月 9 日，上交所正式推出上证 50ETF 期权，这是国内第一只场内期权。2019 年 12 月 23 日，上交所推出以华泰柏瑞沪深 300ETF 为标的资产的期权合约，深交所推出以嘉实沪深 300ETF 为标的资产的期权合约，中金所推出沪深 300 股指期权。这对进一步满足投资者避险需求，完善我国资本市场风险管理体系以及促进资本市场稳步健康发展具有重要意义。

与欧美发达成熟的市场相比，我国的资本市场具有鲜明的特色：股票市场每年成交额的 80%来自 1.9 亿户个人投资者，市场投资散户化，缺乏机构投资者的力量支持；虽然创业板和科创板的注册制已经落地实施，但全面的注册制改革仍未在主板市场开展，退市制度有待进一步完善；股票的交易仍然是“T + 1”，并存在着涨跌幅限制等。目前，国际上对期权产品的相关研究主要是针对美国的个股和指数期权，中美两国在市场微观结构、市场的广度和深度以及监管政策方面存在差异，国外研究已有的结论是否在中国市场上同样成立？正是基于这样的疑问，本书从我国股票和期权市场的特点出发，对我国期权市场的隐含信息进行研究，试图发现新的研究结论。

与股票和期货等投资工具相比，期权的与众不同之处在于非线性的损益结构。正是这种非线性损益结构，使得投资者可以在规避市场价格不利变动的同时，不放弃市场价格有利变动时获取收益的机会，因此期权在风险管理和投资组合方面具有明显的优势。根据对市场未来走势的预期，利用期权和其他投资工具，投资者可以构造出不同风险收益暴露的投资组合。相比直接在现货市场进行交易，期权合约本身具有杠杆属性、能够进行卖空交易以及较低的交易费用等优点，使得具有信息优势的投资者更加偏好在期权市场进行交易。正如 B – S – M 公式所展示的，期权价格本身会受到多种因素的影响，并且其价格也充分反映了投资者对未来市场走势和风险的预期，因此，期权价格中蕴含了丰富的信息。对期权隐含信息的进一步挖掘，将有助于市场参与者更好地进行收益率和波动率择时，以获取超额收益并改善投资组合的绩效；有助于监管者更好地理解市场预期对价格形成的机制，制定精准的监管策略，同时在市场出现极端行情时，及时进行风险预警，防止风险的传染与蔓延；将为政府部门的宏观决策提供及时可靠的参考。总之，关注期权的隐含信息，将有助于资产定价、风险对冲和投资组合管理，以便市场参与者、监管者以及政府部门做出更好的决策。

在此背景下，本书将围绕收益率预测、波动率预测和投资组合问题展开研究。相比沪深300ETF和沪深300股指期权，上证50ETF期权上市时间最长，交易量、成交金额以及持仓量最大，因此，本书以上证50ETF期权作为研究对象。首先，对上证50ETF期权的交易量和隐含波动率进行描述性统计分析，总结归纳出期权市场的特点；其次，构建能够反映期权市场价格压力的指标隐含波动率价差探究收益率预测问题；再次，构建隐含波动率指数探究其在提高已实现波动率预测精度中的信息增量作用；最后，在预测问题的基础上考虑市场择时问题，并推广至多风险资产配置的情形。本书的系统研究对我国资本市场参与者的风险管理、投资决策以及多层次资本市场的健康发展具有一定的理论和实际应用价值。在下一节中，将对各章节的具体研究内容进行阐述。

1.2　研究内容

第1章是本书的引言，从研究背景、研究内容、研究意义和研究创新四个角度阐述本书的研究工作。

第2章是文献综述，本章从价格和交易量两个角度回顾了期权隐含信息对收益率预测的文献；从波动率模型、技术和方法介绍了与波动率预测相关的文献；在资产配置方面，本章着重介绍了隐含beta系数和隐含方差协方差矩阵的估计方法及其在投资组合中的应用。本章还介绍了隐含波动率指数的构建方法和特性，以及期权定价等方面的文献。

第3章主要从交易量和隐含波动率两个方面对上证50ETF期权进行描述性统计。为了确定交易活跃的期权合约，本章从期权类型、在值程度和剩余期限三个维度分组统计合约交易量的占比情况。平值、虚值以及剩余期限在 60 天以内的合约交易最为活跃，因而包含的隐含信息会更多，这是研究中需要关注的对象，为后续实证章节的合约清洗提供了依据。除了对期权合约的隐含波动率进行数字特征的描述外，本章还对其“微笑曲线”的形态进行量化。不同于美国市场的左偏形态，中国市场呈现出对称甚至有些右偏的形态，这对第 4 章隐含波动率价差的构建产生启发。此外，本章还对中美两国市场的波动水平进行比较，无论是隐含波动率，还是已实现波动率，中国市场都要远大于美国市场。在高波动市场中，如何从隐含信息的角度提高波动率模型的预测精度和投资组合的收益具有现实意义，这些是第 5 章和第 6 章需要解决的问题。

第 4 章探究隐含波动率价差对上证 50ETF 隔夜和日内收益率的预测能力。如果期权市场是具有信息效率的，那么根据知情交易和价格压力理论，期权市场中的信息将传递到现货市场中，从价格和交易量角度反映的先行指标将为现货市场的价格运动形成指引。第 3 章对“微笑曲线”的量化结果表明，看涨和看跌期权的隐含波动率存在显著差异，因此本章关注的是来自价格层面的隐含波动率价差。与隐含波动率相比，隐含波动率价差能够更好地反映期权市场中的投资者对标的资产未来上涨或下跌的力量对比，因此，对收益率的预测能力要强于隐含波动率本身。由于上证 50ETF 期权的“微笑曲线”呈现出对称甚至有些右偏的形态，本章构建了 3 种不同的价差指标，分别反映“微笑曲线”在左侧、平值附近和右侧的倾斜程度。初步的实证结果并没有发现隐含波动率价差对日度收益率具有显著的预测能力，本章将日度收益率进一步分解为隔夜和日内两个部分，探究价差指标对收益率的预测在这两个时段是否存在不同。实证部分的向前一期、向前多期预测给出本章的基本结果。为探究隐含波动率价差对收益率的预测是否随市场状态有所不同，本章使用马尔可夫区制转移回归将市场划分为潜在的高波动和低波动两种状态。样本外的检验确认了隐含波动率价差的信息增量。最后，本章还设计了二元 GARCH 模型，以探究期权市场对现货市场的信息溢出效应在隔夜和日内阶段是否存在不同，从而为本章的研究给出机制上的解释。

第5章探究隐含波动率对已实现波动率预测的增量信息。波动率是风险的度量指标，但由于不能够直接从市场上进行观测，学者们提出了不同的指标，如基于历史收益率信息的历史波动率和已实现波动率，以及具有前瞻性信息的隐含波动率等。为了刻画波动率序列的长记忆性和杠杆效应，学者们也提出了很多的波动率模型，如GARCH类、ARMA和ARFIMA、随机波动率模型以及HAR类模型等。由于中国波指的停更，市场上没有交易所公开发布的隐含波动率指数。因此，本章首先参考Whaley（2000）的方法，利用上证50ETF期权构建平值且固定期限（30个自然日）的波动率指数，将其命名为CVX指数，并对其特性进行检验。为了探究在一周之内CVX指数的变动是否存在规律性特征，本章对其进行“周内效应”检验。为了探究该指数是否能够反映市场层面的风险水平，与同期的收益率之间是否存在负向且非对称的关系，本章还对其进行“杠杆效应”检验。由于HAR模型具有简单的线性结构，参数估计更为容易，可以很方便地用来探究隐含波动率在已实现波动率的预测中是否含有增量信息。具体的模型包括：只使用已实现波动率的传统HAR模型，将其记为HAR－RV；只使用隐含波动率指数的HAR模型，将其记为HAR－IV；同时使用已实现波动率和隐含波动率指数的HAR模型，将其记为HAR－RV－IV。除了使用模型的原始形式外，本章为了结果的稳健性，还考虑了平方根和对数形式的模型结构，构建了3组共计9个模型。预测窗宽涵盖未来1天、1周、2周、1个月和3个月的长度。本章除了关注样本内的表现外，还着重关注样本外的预测效果，包括MZ回归、损失函数法和DM检验。MZ回归包括单变量回归和包含回归，其中单变量回归可以确定模型给出的已实现波动率的预测值是否包含预测未来已实现波动率的有效信息，包含回归可以比较不同模型给出的预测值的信息含量。损失函数法给出每个模型的预测误差，DM检验则从统计的角度确认模型对已实现波动率预测精度的改进是否具有统计显著性。

第6章考虑期权隐含信息在单风险和多风险资产中的优化配置问

题。由于第 4 章的隐含波动率价差对日度收益率并没有显著的预测能力，因此本章没有基于收益率预测构建市场择时策略，而是在第 5 章的基础上进一步考虑波动率择时问题。对单风险资产的优化配置，考虑一个具有均值—方差偏好的投资者，如何将其财富在上证 50ETF 和无风险资产之间配置的问题。首先，在目标函数和约束条件下求得风险资产最优配置权重的表达式；其次，在每个交易日，根据上一章各个波动率模型给出的方差预测值，进行资产组合内部的调整；最后，计算持有期内投资者的平均效用水平进行业绩表现的评价。进一步，本章考虑多风险资产的优化配置，以上证 50 指数的成分股为研究对象。本章选择的投资组合模型是最小方差组合，原因在于该模型只依赖对方差协方差矩阵的估计，并不需要对预期收益率进行估计。通过单因素模型，建立起个股方差和市场方差的联系，在对方差协方差矩阵估计时，通过引入市场层面的隐含方差构建使用半历史半隐含信息的最小方差组合。通过与完全使用历史数据构建的最小方差组合、市值加权组合、等权重组合以及被动投资策略的比较，来确定隐含信息在风险资产配置中的优化作用。评价指标包括持有期内的平均收益率和平均标准差。

第 7 章给出本书的主要研究结论，同时指出本书研究存在的不足，并对未来的研究方向以及中国期权市场的发展进行展望。

1.3 研究意义

本书的研究包括理论和现实意义两个方面，理论意义有以下两点。

首先，本书通过平价公式和 B－S－M 期权定价公式从理论上证明了在实际市场中隐含波动率价差存在的原因及其与标的资产收益率之间的关系。在市场不存在套利时，对于执行价格和到期期限相同的看涨和看跌期权的隐含波动率是相等的。若看涨期权的市场价格相对看跌期权更贵些，且已经偏离了平价公式所代表的均衡水平，反映在隐含波动率上即为看涨期权的隐含波动率要高于看跌期权，此时标的资产的收益率也会上升；反之，若看跌期权的市场价格相对看涨期权更贵些，且已经偏离了平价公式所代表的均衡水平，反映在隐含波动率上即为看跌期权的隐含波动率要高于看涨期权，此时标的资产的收益率也会下降。

其次，本书通过单因素模型，建立起个股方差和市场方差的联系，然后说明如何使用历史数据和市场层面的隐含方差来估计方差协方差矩阵，进而构建半历史半隐含的最小方差组合。总的来说，个股面临的风险可以分为系统性和非系统性两大部分。由于国内市场缺乏个股期权，无法完全使用期权数据实现对方差协方差矩阵的估计，本书便退而求其次，考虑使用 ETF 期权和历史数据完成对方差协方差矩阵的估计，从而将期权隐含信息应用到以个股为代表的风险资产的配置中。

本书的现实意义有以下三点。

首先，本书给出隐含波动率价差对日度收益率不具有显著预测能力的内在解释。本书的实证结果表明，无论是使用日频还是周频的数据，隐含波动率价差对隔夜收益率的预测具有和理论分析相一致的符合和显著性，但对日内收益率的预测却存在显著的反转效应。隔夜和日内的拉锯现象，使得隐含波动率价差对日度收益率不具有显著的预测能力。进一步，二元 GARCH 模型的结果表明，期权市场对隔夜时段存在显著的信息溢出效应，而对日内时段并不显著，从而给出了更深层次的机制解释。

其次，本书的研究表明期权隐含信息能够提高已实现波动率的预测精度，从而给市场参与者提供更加精准的波动率预测模型。本书的实证结果表明，具有前瞻性信息的隐含波动率包含与已实现波动率不同的信息，综合两者信息构建的 HAR 模型无论在样本内还是样本外均能够取得最好的预测效果。考虑到中国股市是一个高波动的市场，这一点对市场参与者的风险管理具有重要的意义。

最后，本书的研究表明期权隐含信息能够增强投资组合的收益，从而为市场参与者的投资过程提供决策参考。在进行资产组合配置时，对未来市场方差的估计是一个极其重要的问题。也正是因为这个原因，很多关于波动率预测的文献不局限于统计意义上预测精度的提高，而且也重视在以波动率择时为基础构建的投资组合的业绩表现上。从这个角度讲，资产配置可以看作是波动率预测问题的延伸与实际应用。单风险资产配置的结果表明，基于具有最高预测精度的 HAR－RV－IV 模型的市场择时策略，能够给投资者带来最高的效用水平。虽然多风险资产配置的结果表明，期权隐含信息在全样本和市场平静期对成分股的优化配置作用并不显著，但在市场处于高波动时期却存在显著的增强作用。

1.4 研究创新

本书的创新点体现在以下三个方面。

第一，目前基于中国市场的期权隐含信息探究收益率预测的文献主要集中于方差风险溢价和风险中性分布的高阶矩，还没有文献从隔夜和日内的角度探究隐含波动率价差对收益率的预测能力。本书将从“微笑曲线”的不同部位构建三个含义不同的价差指标，并进行全面综合的检验与分析。从方法上，目前在收益率预测方面的文献多是采用线性回归的方法。本书针对中国股市市场高波动的特征，采用二维马尔科夫区制转移回归，将市场的潜在状态划分为高波动和低波动两种类型，并进一步探究在不同市场状态下隐含波动率价差的统计表现。

第二，目前国内虽然已有文献使用 HAR 模型探究中国波指（iVIX 指数）在已实现波动率预测中的增量信息，但其研究结论显示隐含波动率指数在样本外的预测能力有限且更多地受到投资者情绪的影响。考虑到中国波指的停更，本书自行构建波动率指数，在一个更长的样本区间内对其性质和预测能力进行全面的检验。本书得到的研究结论与其相反，肯定了隐含波动率在已实现波动率预测中的增量信息。潜在的原因在于已有文献的样本区间是 2015—2017 年初，不仅样本量小，而且区间内市场在大部分时间经历了异常波动，会对研究产生不利影响。

第三，本书的研究不局限于统计意义上的显著性，而且更加重视市场预测在实际中的应用，探究其在投资组合中的经济含义，弥补了已有文献的局限性。为此，本书以波动率预测为基础构建单风险资产配置策略，并进一步推广至多风险资产的配置中。通过一系列的评价指标，从投资者的效用水平、资产组合的收益和波动水平进行综合评价，从而确定市场预测在实际应用中的经济显著性。

第 2 章　文献综述

2.1　隐含波动率指数的构建

波动率指数也被称为“恐慌指数”，是在期权隐含波动率的基础上构建的，反映了投资者对市场未来波动水平的预期。目前，全球主要金融市场，如美国、欧洲、日本、韩国、印度以及中国的香港和台湾地区，均推出了各自的波动率指数，甚至推出了相关的衍生产品。该指数在风险管理和政府部门的决策参考中发挥了重要作用。

通常，波动率指数主要采用以下两种方法进行构建。最早的方法是基于 Whaley（1993）的研究。该方法首先选取平值附近的距离到期日最近和次近的看涨和看跌期权（共计 8 个合约），通过对在值程度和到期期限的两次线性插值求得平值和固定期限的隐含波动率。这种方法最大的优点在于，它可以固定住波动率曲面的两个重要因素在值程度和到期期限对隐含波动率的影响。在 1993 年，美国芝加哥期权交易所（CBOE）采用这一方法基于 S&P 100 指数期权推出了隐含波动率指数（VIX 指数）。随着市场的发展，投资者逐渐意识到除了平值附近的期权外，微笑曲线的其他部位，特别是交易更加活跃的虚值合约同样包含了有用的信息，基于 Black－Scholes 模型反解的隐含波动率同时会存在一定的模型风险，加之学术界对无模型隐含波动率的研究取得进展，在 2003 年 CBOE 同高盛合作基于无模型的方法改进了对 VIX 指数的计算方法。新版的 VIX 指数的计算基于当时交易已经更加活跃的 S&P 500 指数期权合约，而旧版 VIX 指数的计算方法仍然用于 S&P 100 指数期权上（交易代码：VXO），由此可见旧版的方法对今天波动率指数的构建仍然具有指导意义。

无模型隐含波动率的计算方法最早可以追溯到 Breeden and Litzenberger（1978）的研究，他们给出了如何从看涨和看跌期权价格中得到风险中性测度下标的资产价格分布的方法。1987 年 10 月的“股灾”后，期权隐含波动率和执行价格之间呈现出越来越明显的“微笑曲线”现象，而传统的 Black – Scholes 模型的常波动率假定与之相悖，学术界开始采用确定性波动率和随机波动率两种建模方式对此现象进行解释。Derman and Kani（1994），Dupire（1994）以及 Rubinstein（1994）采用确定性波动率的建模方法，假定波动率是标的资产价格和剩余期限的函数，从期权价格出发，反推出与之相适应的隐含标的资产价格过程。虽然将波动率假定为确定性过程显得有些严格，但此类文献为后续的无模型隐含波动率的研究打下基础并产生思想启发。此后，Britten and Neuberger（2000）进一步放松假设条件，假定标的资产价格服从一定的扩散过程，利用无套利条件，推导出无模型隐含波动率可以由一系列看涨期权价格关于执行价格的积分得到。Jiang and Tian（2005）在此基础上进行了一定的拓展性研究，将跳跃部分加入标的资产远期价格的扩散过程中，给出了无模型隐含波动率在实际应用中的计算方法，并讨论了截断误差和离散化误差带来的影响。进一步，他们使用无模型隐含波动率探究期权市场的信息效率，发现无模型隐含波动率涵盖了 B – S 隐含波动率和已实现波动率的信息，蕴含着对未来已实现波动率预测的有用信息。Carr and Wu（2009）的研究则将扩散过程推广至半鞅过程，并在此基础上构建方差风险溢价，对 5 个市场指数和 35 只个股进行了实证研究。

自从 CBOE 使用无模型方法改进了 VIX 指数的编制方法后，Jiang and Tian（2007）指出 CBOE 的编制方法对真实波动率水平的测量存在较大误差，并提出在积分时使用插值的方法构建隐含波动率函数可以有效地降低测量误差。除了二阶矩，无模型方法同样可以推广到高阶矩的计算上，Bakshi et al.（2003）给出了隐含偏度和峰度的计算方法。此外，也有学者从市场特征的角度出发，对无模型方法进行改进，如 Zheng et al.（2017）在半鞅过程中进一步考虑随机利率带来的影响，针对中国市场中存在的卖空限制和较高的交易费用等市场摩擦以及上证 50ETF 期权的红利保护特性，给出了一个改进的无模型隐含波动率的计算方法。

2.2 隐含波动率的杠杆效应

2004 年，CBOE 推出 VIX 期货；2006 年，CBOE 推出 VIX 期权。在美国的波动率衍生品市场中，除了 VIX 指数（1 个月）及其衍生品外，还有 VXST（9 天）、VXV（3 个月）和 VXMT（6 个月）等波动率指数及其衍生品，这些指数一起构成了波动率指数的期限结构，反映不同投资期限的投资者对市场未来波动水平的预期。此外，CBOE 还推出方差互换合约和追踪波动率指数的 ETF。为了更好地反映 VIX 指数的波动性，2012 年 CBOE 利用 VIX 期权合约计算并实时发布波动率中的波动率指数（VVIX 指数）。波动率衍生产品在美国的成功，也为欧洲和中国香港等其他市场起到示范作用。在过去的近二十年中，全球范围内波动率衍生品市场发展迅速，目前产品数量已达 20 多个，逐渐形成了一个宽领域和多层次的市场结构，在投资者的风险管理中起到了日益重要的作用。

投资者可以直接进行波动率产品的交易以对冲其在 S&P 500 指数或其他股票头寸上的风险暴露。背后的原因在于标的资产的价格和波动率的变动之间存在着反向且非对称的关系，即在市场下跌时，波动率的增加要大于市场上涨时波动率的减少，通常将这种现象称为“杠杆效应”。由于当波动率指数大幅上升时，通常伴随着市场收益率的大幅下跌，因此，Whaley（2000）将 VIX 指数称为“恐慌指数”，是市场情绪的压力计。此外，波动率指数还具有长记忆和均值回复的特性。

在传统的金融学理论中，Black（1976）和 Christie（1982）最早从杠杆的角度对“杠杆效应”进行解释：当一个公司的股价上升时，该公司的所有者权益增加，整体的杠杆率下降，因此公司面临的风险水平也会降低，波动率水平也会随之下降。French et al.（1987）以及 Campbell and Hentschel（1992）则从波动率反馈效应的角度进行解释：由于波动率指数反映的是对未来波动率水平的预期，因此当前波动率水平的增加意味着未来资产面临的风险增加，对风险的补偿导致未来预期收益率的增加，这将会使得资产当前的价格下降以预留上涨的空间。更进一步，Dennis et al.（2006）从市场和公司层面的角度出发，将隐含波动率分解为系统和特质两个部分来分析“杠杆效应”，研究发现系统性波动率与收益率之间存在显著的负相关关系，而特质波动率与收益率之间的相关系数接近于 0，因此“杠杆效应”现象的存在主要归因于系统性波动率。虽然大量的理论和实证研究都支持了“杠杆效应”的存在，但在某些资产的研究中却发现两者的相关系数接近于 0，这也一直困扰着学界和业界人员。为了揭示这个现象之谜，Ait – Sahalia et al.（2013）分析了各种在估计“杠杆效应”时可能产生的偏误，包括离散化误差、平滑误差、估计误差以及市场微观噪声等，并提出了相应的修正方法。

上述研究大都是基于日度、周度或者月度的低频数据展开的，随着高频数据的可获得性以及计算机处理海量数据能力的提高，在最近的研究中，Talukdar et al.（2017）使用日内高频数据，将美国市场的隐含波动率指数（VIX）、隐含相关性指数（ICI）、偏度指数（Skew）以及波动率中的波动率指数（VVIX）纳入模型之中，基于行为金融学的理论从代表性偏差和外推性偏差等角度给出了更为合理的解释。随后，Li et al.（2019）使用日内高频数据对中国市场进行研究，发现中国的 iVIX 指数和上证 50ETF 收益率之间存在显著的负向且非对称的关系，研究结果支持了行为金融学的理论解释，并且基于“杠杆效应”构建的交易策略能够取得更好的业绩表现。

2.3 期权隐含信息与收益率的预测

现货市场和期权市场是统一的整体，两个市场会相互影响，存在着信息流的传输，主要体现为收益率、方差以及协方差三个渠道。至于是现货市场影响期权市场更多，还是期权市场影响现货市场更多，很大程度上取决于期权市场的发展程度。Amin et al.（2004）认为在一个不完美的期权市场中，期权的价格会受到过去股票市场动量效应的影响。他们使用 1983—1995 年 S&P 100 指数期权的数据进行研究，发现当股票价格出现大幅度上涨时，看涨期权的价格会比看跌期权的价格更贵；当股票价格出现大幅度下跌时，看跌期权的价格会比看涨期权的价格更贵。不难理解现货市场对期权市场具有更大的影响，毕竟期权作为标的现货的衍生产品，其价格本身要依附于现货资产。与之类似的，Li et al.（2018）使用上证 50ETF 期权推出后 1 年多的时间区间进行实证研究，使用隐含波动率价差来衡量期权市场的价格压力，虽然研究的结果表明现货市场的动量效应会影响期权价格，但在样本期间内中国市场经历了暴涨和暴跌，市场波动异常，研究结论也会受到样本区间短、缺乏一般性等因素的制约。

更多的研究表明，期权市场的信息流会传入现货市场中，即期权市场蕴含着丰富的前瞻性信息，其价格的变动要领先于现货市场。Manaster and Rendleman（1982）对期权价格中隐含的股票价格与观测到的股票价格进行比较，发现隐含的股票价格中包含有用的信息，这些信息平均需要在 1 天之后才能反映在股票价格中。他们的研究表明，期权价格中含有对未来股票价格进行预测的有用信息。Stephan and Whaley（1990）则给出了相反的结论，在消除了买卖价差带来的不利影响后，使用日内高频数据分析期权和现货市场价格以及交易量变动的先后关系，研究结果表明，在价格方面，现货市场要领先期权市场 15 分钟；而在交易量方面，现货市场则要领先期权市场更多。针对上述两篇研究结论相反的文献，Diltz and Kim（1996）对此话题进行了再次研究，在控制了非同步性交易和买卖价差后，指出现货市场的股票价格大约需要 2 个交易日的时间才能调整到期权隐含的价格水平，研究结果支持了 Manaster and Rendleman（1982）的结论。随后，大量的研究从期权价格和交易量中挖掘出不同的指标用来对现货的收益率进行预测，在增强投资组合收益和风险管理领域发挥了日益重要的作用。

那么，期权价格中为什么会存在有助于收益率预测的信息呢？一方面，可根据期权市场中的知情交易行为进行解释。因为期权本身具有杠杆属性，交易费用相对低廉，并且市场对现货的交易往往存在卖空约束，具有信息优势的知情交易者会更加偏好在期权市场中进行交易，从而新的信息将首先在期权市场中释放，而后才传递到现货市场。最终期权隐含的价格水平成为现货价格变动的基准，现货价格向隐含价格的方向运动。另一方面，可根据现货市场中的价格压力进行解释。由于现货市场的流动性不足等因素，导致现货价格与期权隐含价格产生偏离，而在市场套利机制的作用下，偏离的现货价格会朝均衡的隐含价格变动，从而消除两者的价格差异。无论是何种机制在发挥作用，都显示了期权市场的信息优势。下面将从四个方面对期权隐含信息指标进行介绍，其中前三个指标属于价格层面，最后一个指标属于交易量层面。

2.3.1 隐含波动率价差

看跌—看涨期权平价公式的成立意味着对于执行价格和剩余期限相同的欧式看涨和看跌期权，由 B－S 公式反解的隐含波动率是相等的。由于预期未来标的资产价格上涨的知情交易者会偏好购买看涨期权或者卖出看跌期权，导致看涨期权的价格相对更贵一些；预期未来标的资产价格下跌的知情交易者会偏好购买看跌期权或者卖出看涨期权，导致看跌期权的价格相对更贵一些：因此，在实际的市场交易中，看涨和看跌期权的隐含波动率并不总是相等，两者之差称为隐含波动率价差。Bali and Hovakimian（2009）使用美国个股期权的数据，利用平值附近的期权构建隐含波动率价差，发现该价差指标能够在横截面上显著地预测个股未来的收益率，进一步利用二元 VAR－GARCH 模型证实了信息是从期权市场流向个股市场，从而支持了期权市场上知情交易的传导机制。Cremers and Weinbaum（2010）进一步表明，无论是隐含波动率价差还是其变动值都能够在横截面上预测股票未来的收益率，这种预测能力在期权流动性高、个股流动性低的时期会更加显著。当个股面临更多的信息风险时，期权价格越容易偏离平价公式。随着时间的推移和市场效率的提高，这种现象变得越来越不明显。Xing et al.（2010）更加关心虚值看跌期权中所含有的与市场下跌相关的信息，利用虚值看跌期权和平值看涨期权所构建的隐含波动率价差指标刻画了“微笑曲线”的倾斜程度，与上述两篇文献的研究方法有所不同。研究结果表明，该价差指标同样在横截面上对个股未来的收益率具有显著的预测能力，并且可持续长达 6 个月的时间。上述 3 篇文献几乎在同一时间发表，是关于隐含波动率价差的较早文献，他们的理论和实证研究为后续的拓展性工作奠定了基础。

在公司事件的发布期和特定市场条件下，市场中的某些交易者会具有更多的信息优势。若这些具有信息优势的交易者此时选择在期权市场进行交易，则隐含波动率价差的预测能力应比平时更为显著。此后的一些研究便是着眼于这些特定的公司事件或市场条件。Jin et al.（2012）研究了在公司发布盈余公告、现金流量、客户以及产品等信息时，市场往往会对消息产生较大的反应，此时期权市场上的知情交易者会比现货市场的普通交易者拥有更明显的信息优势，因此，隐含波动率价差会具有更强的短期预测能力。Atilgan et al.（2015）使用日频和周频的数据验证了隐含波动率价差对收益率的预测能力，特别指出在投资者情绪指数取极端值时会更加显著，并且基于此而构建的交易策略在考虑交易成本后取得了比被动投资策略更好的业绩表现。上述两篇文献均支持了知情交易的理论机制。

以上研究关注的是个股层面的预测能力，而 Han and Li（2020）关注的是市场层面。他们将个股隐含波动率价差的平均值作为市场的隐含波动率价差，在控制了其他常见的收益率预测指标后，发现无论是使用日频、周频还是月频数据，市场的隐含波动率价差均在样本内和样本外对市场收益率具有显著的预测能力。此外，市场的隐含波动率价差对宏观经济指标也具有显著的预测能力，并且在宏观信息公布前后，其预测能力表现得更强。需要特别注意的一点是，他们并不是直接使用指数期权来构建市场的价差指标，这是因为私有信息在整个市场层面的影响力要远小于对个股的影响力，并且市场指数的套利机会要远少于个股的套利机会，若直接使用指数期权构建的隐含波动率价差往往对市场指数的收益率并不具有显著的预测能力。这一点是他们研究的与众不同之处。从数据处理的先后顺序看，其他的研究都是先横截面回归后时序平均，他们的研究则是先横截面平均后时序回归。

从期权平价公式出发计算的隐含波动率价差大多使用平值附近的看涨和看跌期权计算而来。另一个与之相近的指标则从“微笑曲线”的偏斜程度出发，使用平值的看涨期权和虚值的看跌期权进行计算，如 Xing et al.（2010）的研究。由于“微笑曲线”不同部位期权的交易量存在差异，所蕴含的信息以及对市场未来走势的看法也会存在不同，因此 Doran and Krieger（2010）和 Baltussen et al.（2012）使用不同部位的期权合约构建了不同的价差指标，虽然这些指标均对收益率具有预测能力，但在信息含量上存在一定差异。此外，对期权平价公式的偏离除了反映在隐含波动率外，还反映在平价公式隐含的标的资产价格与实际市场价格的偏离，如 Luis et al.（2020）由此构建了 DOTS 指标并对股票的收益率进行了预测，在内在传导机制上，他们的研究结论更加支持股票市场上存在的价格压力。

2.3.2 方差风险溢价

方差风险溢价（Variance Risk Premium，VRP）可以被定义为隐含波动率与已实现波动率之间的差值，体现了波动率在风险中性测度（Q－）和现实测度（P－）下的差异。直观地讲，方差风险溢价在统计上应显著为正。首先，由于投资者是风险厌恶的，他们愿意支付更高的价格购入期权合约来规避市场下跌的风险；其次，从两者的时间序列的图像上看，隐含波动率在大多数时间内都要高于已实现波动率。Bakshi and Kapadia（2003）以及 Carr and Wu（2009）则从实证的角度证明了这点。国外对方差风险溢价进行了较为全面的研究，从理论基础到实际应用均做了深入的拓展。

方差风险溢价在定价应用方面主要涉及时间序列层面和横截面层面。在时间序列层面，Bollerslev et al.（2009）通过构建一般均衡模型，从理论上得出方差风险溢价能够反映宏观经济的不确定性。进一步的实证研究发现，方差风险溢价对股票收益率具有显著的预测能力，其预测效果在一个季度时达到最优。Zhou（2011）研究发现，方差风险溢价除了能够显著地预测股票收益率外，也能够显著地预测零息和信用债券的收益率，并且上述市场的风险溢价在短期内存在联动现象。进一步通过构建宏观经济不确定性模型，阐述了方差风险溢价与宏观经济变量之间的联系。Londono and Zhou（2017）将 Bollerslev et al.（2009）的国内模型推广至跨国模型，认为方差风险溢价所反映的宏观系统性风险还包括就业率增长的不确定性以及股票市场的流动性风险。在时间序列层面的研究表明，方差风险溢价对股票和债券收益率等一阶矩指标以及宏观经济变量具有显著的短期预测能力。在横截面层面，Carr and Wu（2009）利用一揽子期权构造了方差互换比率，并把方差互换比率作为波动率的风险中性估计，进而求得方差风险溢价，发现经典的因子模型无法对其进行完全的解释。Gonzalez et al.（2016）将 VRP 作为定价因子，结合 Fama – Macbeth 方法，根据方差风险溢价贝塔系数的大小划分为 20 个投资组合，对股票进行分组排序，并观察因子的显著性，研究表明违约风险溢价是决定横截面差异的主要因素。Bali and Zhou（2016）也把方差风险溢价作为经济不确定性的代表，研究发现和 VRP 高度相关的股票组合有超额收益。上述将方差风险溢价应用于横截面层面的研究表明，方差风险溢价是市场中一个独立的风险源，不同股票的收益率对其敏感性不同，可以利用这个性质构建不同的股票组合，从而获取超额收益。

还有一些学者研究了不同国家和市场的方差风险溢价。Barnea and Hogan（2012）和 Hamilton（2014）分别研究了 VIX 期权和原油市场的方差风险溢价，实证结果表明这两个市场的方差风险溢价均显著为正。此外，Corte et al.（2016）检验了外汇市场的方差风险溢价，并据此构建了一个收益可观且风险分散的交易策略。这些研究表明，方差风险溢价具有重要的经济学含义，不仅能够反映宏观经济的不确定性，而且还能体现市场中的投资者对风险的规避程度。同时，方差风险溢价普遍存在于不同国家和资产类别的市场之中，为市场参与者加强风险管理和提高投资组合收益发挥了重要作用。

此外，方差风险溢价也体现在离散时间序列下期权定价的定价核中。Duan（1995）提出的为收益率序列从 P 测度转换为 Q 测度的 LRNVR 方法，本质上是一个只考虑收益率的线性定价核。在该定价核下，P 测度下的方差和 Q 测度下的方差相等，即方差风险溢价为 0。为了弥补理论上的不足，Christoffersen et al.（2013）提出了一个方差依存的定价核。新的定价核可以描述市场上所观察到的显著为正的方差风险溢价，并且在样本内外的期权定价效果要比使用原有的定价核得到极大的改进。

2.3.3 风险中性分布的高阶矩

标的资产价格在风险中性测度下的高阶矩，反映了投资者对未来的预期，同样属于前瞻性指标，日益受到学界和业界的广泛重视。而使用历史序列估计高阶矩时，除了需要使用较长的时间窗口外，估计的结果随着新的观测值的加入会变得不可靠，对未来已实现高阶矩的预测效果较差。在 Bakshi and Madan（2000）研究的基础上，Bakshi et al.（2003）同时给出了风险中性测度下无模型隐含波动率、偏度和峰度的计算方法，后续大量研究在计算风险中性分布的高阶矩时便是借鉴了这篇论文的方法。

Bali and Hovakimian（2009）的研究表明，隐含波动率与标的资产未来的收益率之间并不存在显著的关系。更多的研究则是通过构建隐含波动率价差来探究收益率的预测问题。隐含偏度和隐含峰度反映了标的资产收益率分布的对称性及尾部特征，大量研究表明可以将其用于标的资产收益率的预测之中。通常，使用历史数据计算的偏度指标与未来的收益率之间呈现负相关关系。Rehman and Vilkov（2012）的研究则表明，基于无模型方法计算的隐含偏度与股票未来收益率呈现显著为正的关系，原因在于隐含偏度反映了公司市值偏离其基本面价值的程度，市值被高估的股票通常具有较小的偏度值。Conrad et al.（2013）使用美国市场个股期权的数据进行研究，在控制其他的风险因子后，发现个股的隐含波动率、隐含偏度和隐含峰度分别与未来收益率呈现显著的负相关、负相关和正相关关系。在关于隐含偏度的实证结果上，上述两篇文献的符号相反，Stilger et al.（2017）的研究对 Conrad et al.（2013）提出了质疑，支持了 Rehman and Vilkov（2012）的结果。原因在于在计算隐含偏度时，Conrad et al.（2013）使用的是季度平均值，而 Stilger et al.（2017）使用的是每月最后一个交易日的隐含偏度。虽然取平均值的处理方法可以消除日频数据的噪声，但由于日频的隐含偏度并不具有强记忆性，在一个较长窗口内取平均值只会削弱最新的信息带来的影响。类似的研究还包括 Chang et al.（2013），Amaya et al.（2015）和 Langlois（2019）的研究。上述文献表明，风险中性分布下的高阶矩与一阶矩收益率存在密切的关系。

风险中性分布的高阶矩还可以用于期权组合收益率的预测之中。Bali and Murray（2013）通过使用期权和标的资产，构建了 Delta 和 Vega 中性的投资组合，在控制了市值、账面市值比、动量和波动率等因素后，发现风险中性偏度和该投资组合收益率之间存在显著的负相关关系。此外，由于从期权中计算得到的隐含高阶矩具有前瞻性信息，因此，可以将其用于资产配置中。DeMiguel et al.（2013）和 Kempf et al.（2015）的研究表明，使用隐含高阶矩改善的投资组合可以取得比完全使用历史数据构建的投资组合、等权重、市值加权以及被动投资策略更好的业绩表现。同样地，隐含高阶矩也被应用于不同的市场之中，如 Yoon et al.（2021）探究了隐含偏度对能源市场收益率的预测能力。

2.3.4　与交易量相关的指标

以上介绍的期权隐含信息指标偏向价格层面，也有相当文献的实证研究表明期权的交易量中同样包含对标的资产未来收益率预测的信息。在早期的研究中，期权交易量对收益率的预测能力只是存在于子样本或某些特定的市场条件下，而在全样本中是不显著的。Easley et al.（1998）通过构建一个非对称信息模型来描述期权和股票市场中知情交易者的行为，通过理论推导给出了知情交易者选择在期权市场进行交易的条件，使用期权的日内高频数据的实证结果表明与知情交易相关的期权交易量能够显著预测未来的股票收益率。Cao et al.（2005）检查了在公司发布接管公告前，股票和期权市场的信息含量。研究发现，由买方和卖方驱动的股票交易量的不平衡性以及看涨期权交易量的不平衡性会对接管公告发布日的股票收益率具有预测作用。上述两篇文献的研究结论均肯定了期权市场在价格发现中的重要作用。

后来的研究发现，看跌与看涨期权交易量的比值（P/C）以及期权与标的资产交易量的比值（O/S）能够显著预测未来的收益率。Pan and Poteshman（2006）使用由期权买方发起的新合约头寸的交易量来计算看跌期权与看涨期权交易量的比值，发现其与股票未来的收益率呈现显著的负相关关系，进一步，他们指出这种预测能力并不是源于市场的无效率，而是由于期权交易者拥有非公开的信息优势所致。Roll et al.（2010）首次研究了期权与标的资产交易量的比值能否预测未来的收益率。他们发现在公司发布盈余公告前后，期权与标的资产交易量的比值较高，说明此时期权市场的交易量比平时更为活跃。进一步的研究表明，盈余公告发布前期权与标的资产交易量的比值对盈余公告发布后的收益率具有显著的预测能力，研究结果支持了期权市场上存在的知情交易行为。更进一步，Johnson and So（2012）通过构建一个非对称信息模型，从理论上论证了期权与标的资产交易量的比值和未来收益率具有负相关关系，实证结果支持了他们的理论设想，并且在一周的窗口内具有显著性。他们认为现货市场上的高卖空成本是促成两者之间负向关系的原因，具有负面私有信息的交易者更倾向使用期权合约来释放信息，因此，当该比值较高时往往预示着未来收益率的降低。Blau et al.（2014）从实证的角度对这两个指标（即 P/C 和 O/S）进行对比分析。研究结果表明，在日频的预测上，看跌与看涨期权交易量的比值的表现效果要更好；而在周频和月频的预测上，期权与标的资产交易量的比值则是一个更好的指标。Ge et al.（2016）将期权合约的交易量按照买或卖以及开仓或平仓划分为四种类型，以探究期权与标的资产交易量比值的预测能力的来源，研究发现，购买看涨期权的开仓行为以及卖出看涨期权的平仓行为是主要原因，研究结果支持了期权合约的高杠杆属性是吸引知情交易者的重要因素这一观点。

此后的文献以期权交易量为中心，从以下不同的角度展开。Hu（2014）从期权做市商的角度出发，将股票的交易量划分为两部分，一部分是由于期权做市商为了对冲自身的期权头寸而进行的股票交易，另一部分则与做市商的交易行为无关。实证结果表明，前者能够显著预测未来股票的收益率，从而说明了期权市场上的交易行为蕴含着有用的信息。Rourke（2014）探究了平值附近与 Delta 和 Vega 交易相关的期权合约的信息含量，研究发现两者均对未来股票的收益率具有显著的预测作用，但与 Vega 交易相关的合约中蕴含着更多的信息。Kim et al.（2017）研究了投资者情绪对 O/S 对收益率预测能力的影响，研究结果发现在投资者情绪高涨时，O/S 对收益率的预测能力更强。

由于期权价格受到多种因素的影响，除了隐含波动率外，还可以从期权价格中反解出其他的有用信息，如标的资产的隐含做空成本和隐含红利率等，相关的研究包括 Bilson et al.（2015）和 Muravyev et al.（2016）等。这些从期权价格中反解的隐含指标要比使用历史数据计算的指标具有更好的实证表现。

2.4　期权隐含信息与波动率的预测

不同于收益率，真实的波动率水平是无法从市场上直接观测到的，因此，存在很多种波动率的估计方法，比如使用低频数据计算的历史波动率，使用高频数据计算的已实现波动率以及使用期权合约反解的隐含波动率等。波动率的估计和预测一直是金融学领域的核心问题。由于波动率本身存在高度自相关性的特点，因此，学者们提出了不同的模型用来描述波动率的运行规律。能够更好地预测波动率，将有助于资产定价、风险对冲和投资组合管理，以便市场参与者、监管者以及政策制定者做出更好的决策。波动率领域的文献创新主要体现在以下三个方面，一是模型的创新；二是选择更好的预测指标；三是预测方法的创新。本节将从这三个方面，对已有文献进行回顾。

2.4.1 波动率模型

早期的计量经济模型在描述波动率时通常将其假定为常数。随着经济全球化的不断深入，资产价格的波动也越来越剧烈。为了更好地描述波动率聚集现象，Engle（1982）提出了 ARCH 模型，并使用英国的通货膨胀数据对模型进行了检验，发现 ARCH 效应在统计上是显著存在的，在经济动荡的 20 世纪 70 年代，模型估计的方差显著增加。这一突破性的理论创新,开创了对波动率建模的先河,Engle 也因此获得了 2003 年的诺贝尔经济学奖。之后，Engle 的学生 Bollerslev 在 ARCH 模型的条件方差方程中增加了条件方差的滞后项，从而提出了 GARCH 模型。Bollerslev（1986）的理论和实证结果表明，相对 ARCH 模型，GARCH 模型能够使用更少的参数实现对波动率过程的更好描述。在实证中，GARCH（1，1）是最常用的形式。上述两篇文献为后续离散时间框架下的波动率建模打下了坚实基础，在不同领域的研究中得到了广泛的应用。

后续波动率方程的建模主要围绕更好地刻画非对称的杠杆效应展开。Nelson（1991）提出的 EGARCH 模型使用条件方差方程的对数形式建模，这种建模的好处在于它不需要对参数施加额外的约束即可保证方差的非负性。此外，通过引入绝对值项，它还能够刻画收益率与波动率变动之间非对称的负向关系。使用 1962—1987 年 CRSP 市值加权市场指数的实证结果表明，EGARCH 模型比 GARCH 模型取得了更好的拟合效果。Glosten et al.（1993）提出了 GJR－GARCH 模型（采用论文的三位作者姓氏的首字母命名），也被称为 TGARCH 模型，该模型除了可以描述杠杆效应外，还通过引入虚拟变量来刻画“非对称关系”，即收益率的负向冲击引起的波动率增加要大于收益率的正向冲击引起的波动率下降。Engle and Ng（1993）提出的 NGARCH 模型能够更好地刻画新的市场信息引起市场波动的过程，使用日本股市日频收益率的数据显示 NGARCH 模型能够取得比 EGARCH 和 GJR－GARCH 模型更好的表现。Hansen and Huang（2016）提出了使用已实现波动率的 Realized GARCH 模型，该模型能够同时刻画收益率和已实现波动率的特征，特别是利用高频数据计算的已实现波动率是一个刻画波动率的更好指标，具有更高的经济学含义，将其纳入模型之中，从而使得模型取得了更好的拟合效果。以上这些 GARCH 类模型都属于非仿射类模型，建模的过程是从简单到复杂，从一维向多维发展。

虽然非仿射类模型能够很好地描述市场的波动率水平，并且具有很好的预测效果，但在用于期权定价时无法得到解析解，只能通过矩展开或者蒙特卡洛模拟的方法求得近似解。Heston and Nandi（2000）提出了具有仿射结构的 HN－GARCH 模型，这是第一个具有仿射结构的 GARCH 类模型，它不仅能够刻画标的资产的波动率水平，而且能够刻画收益率和波动率之间的“杠杆效应”。在此基础上，进而可求得离散时间序列下欧式期权价格的解析解，并在样本外取得了比已有模型更好的定价效果。Christoffersen et al.（2014）在 HN－GARCH 的基础上，纳入了已实现波动率，提出的 GARV 模型同样可以得到欧式期权价格的解析解并取得更好的定价效果。进一步，他们在一般化模型中施加约束，通过与嵌套模型的比较，确认了定价效果的提高主要来自已实现波动率的优良性质，从而在期权定价的层面肯定了已实现波动率在建模中的重要性。

除了广为使用的 GARCH 类模型外，也有些研究使用具有短期记忆能力的 ARMA 模型、长期记忆能力的 ARFIMA 模型以及随机波动率模型（SV）来刻画市场的波动率。在使用时间序列模型做波动率预测时，最简单的模型便是随机游走，即使用今天波动率的取值作为明天波动率的预测值，这种想法来源于波动率具有长记忆性的特点。基于随机游走方法的延伸，发展出历史平均法、简单的移动平均法、指数平滑法和指数加权移动平均法（EWMA）等，其中，后两种方法给予最新的观测更大的权重。简单回归的方法通常引入自回归项来刻画波动率的长记忆性，比如 ARMA 模型、ARIMA 模型（d = 1）、ARFIMA 模型（d＜1）以及将市场状态划分为高低两种波动状态的门限回归模型等。但在最近十年间，HAR 模型因其具有的结构优点得到了广泛的应用。

Corsi（2009）提出的 HAR 模型本质上是一个基于已实现波动率的系数带有约束的自回归模型，即 AR（22）。相比于 GARCH 类模型，该模型在建模时抛弃了对一阶矩收益率的刻画，直接从二阶矩开始建模，因此，关注的重点便放在了已实现波动率的长记忆性上。模型中包含日度、周度和月度三个组成成分，分别代表不同投资期限的市场交易者的异质信念。由于该模型的结构非常简单，因此参数估计的过程也变得非常容易。由于 HAR 模型使用的已实现波动率是由日内高频数据计算而来，相比 GARCH 类模型使用的日度数据具有更多的信息含量，因此在波动率预测效果上，HAR 模型要比 GARCH 类模型更好。Andersen et al.（2007）使用外汇、股指和债券市场的高频数据分离出已实现波动率的连续部分和跳跃部分，研究发现已实现波动率中的跳跃部分是显著存在的，但在长记忆性方面相比连续部分要弱。分离出连续部分和跳跃部分的 HAR－RV－CJ 模型在样本外的预测效果要更好，原因在于宏观经济的重大事件的发生往往会使市场发生跳跃现象。此外，他们还发现使用平方根或者对数形式的 HAR 模型要比原始形式更好。Rapach et al.（2013）的研究表明，美国股票市场的收益率包含着有用的信息，能够提高全球股票市场收益率的预测精度。同样地，Buncic and Gisler（2016）的研究表明在波动率预测上，美国市场同样会起到重要的作用。将美国市场的 VIX 指数加入 HAR 模型中，发现美国市场的波动率信息能够在样本外显著提高全球 17 个市场的已实现波动率的预测精度。上述两篇文献的研究表明，作为全球市值最大的美国市场，其收益率和波动率会对其他国家和地区的市场产生溢出作用，充分考虑到溢出效应会提高已有模型的预测效果。Cubadda et al.（2017）将一维的 HAR 模型推广至二维，提出了向量形式的 HAR 模型。

另一类文献对 HAR 模型的拓展主要体现在测量误差上。Bollerslev et al.（2016）认为，用已实现方差来测量潜在真实的加总方差，会存在由于测量误差导致的内生性问题，为此他们通过引入测量误差的方差提出了 HARQ 模型。实证结果表明，修正了测量偏误后，在样本内和样本外可以进一步提升对已实现波动率的预测效果。在此基础上，Bekierman and Manner（2018）则通过增加时变的自回归系数来修正测量误差带来的影响，通过使用极大似然估计法和卡尔曼滤波法完成对模型参数的估计过程，基于 S&P 500 指数 40 个成分股的实证结果表明，新提出的模型无论在样本内还是样本外均取得了更好的预测效果。Andersen et al.（2003）指出，取对数可以增强序列的正态性、避免极端值带来的不利影响，并且还可以自动保证方差的非负性。基于对数序列的优点，Wang et al.（2019）解决了如何在对数序列下消除测量误差的问题，提出了 logHARQ 模型，基于上证 50ETF 和沪深 300 指数的实证结果证实了该模型具有更好的预测能力，进一步通过构建市场择时策略从资产配置的角度说明了其经济意义。

由于 HAR 类模型具有形式灵活、估计方便和预测精度高的优点，因此该类模型在不同市场的波动率预测中得到了广泛的应用。Ma et al.（2018）将已实现半方差和符号跳跃加入 HAR 模型中，探究这些新加入的变量对原油价格波动率的预测能力。研究结果表明，使用负收益率构建的已实现半方差所起到的作用要强于使用正收益率构建的已实现半方差，符号跳跃对未来的已实现波动率具有显著的负向影响，使用新变量构建的 HAR 模型在样本内和样本外取得了更好的预测效果。Peng et al.（2018）将 G7 国家的市场指数的已实现波动率纳入 HAR 模型中，发现外部主要市场的已实现波动率中蕴含着预测我国市场已实现波动率的有用信息，能够取得比使用原始的 HAR 模型和组合预测法更好的预测效果。此外，还有些文献研究了比特币市场。比特币的概念最早在 2008 年中本聪的一篇论文中提出，并于 2009 年 1 月 3 日正式诞生，以比特币为代表的加密数字货币具有匿名性、去中心化、总量有限和交易记录公开透明等特点。比特币由于价格在 2017 年暴涨，得到了广大投资者、新闻媒体以及政府的关注。比特币价格变动剧烈，其市场波动率要远远高于股票市场，独特的市场特征也为一些经济和金融理论的检验提供了难得的实验平台。Shen et al.（2019）构建了 18 个 HAR 模型来检验比特币市场的波动率预测问题，发现具有跳跃项和结构突变的模型的预测效果更好，研究结果也具有较好的稳健性。

2.4.2 隐含波动率的信息增量

上述的波动率预测模型都试图尽可能真实地刻画波动率所具有的特征，从而提高模型的预测能力，但其使用的数据仅包含历史信息，如 GARCH 类模型使用的收益率序列以及 HAR 类模型使用的已实现波动率。由于投资者在进行期权交易时充分考虑到了市场未来的走势，因此隐含波动率体现了投资者对未来市场波动状况的预期，属于前瞻性信息。进一步充分利用隐含波动率中含有的信息增量，以提高波动率预测的精度是另一个重要的研究话题。这类文献的一个鲜明特点是充分结合了模型和数据的优点。

首先是 GARCH 类模型与隐含波动率的结合。Blair et al.（2001）在 GJR－GARCH 模型的条件方差方程中增加隐含波动率和已实现波动率作为新的解释变量，他们发现加入隐含波动率的模型在样本内和样本外的预测能力要强于加入已实现波动率的模型，从而肯定了 S&P 100 指数期权隐含波动率的信息增量。Giot and Laurent（2007）基于美国市场的数据，将已实现波动率与其连续部分和跳跃部分、隐含波动率以及 GARCH 类模型的波动率预测值进行回归，发现隐含波动率具有较高的信息含量，并且可以涵盖其他历史序列中所具有的信息。随着其他国家和地区的金融市场逐渐推出波动率指数，也是出于不同市场间在期权流动性、市场微观结构以及监管框架等存在差异的考虑，Fung（2007）基于中国香港市场、Frijns et al.（2010）基于澳大利亚市场以及 Pratap et al.（2018）基于印度、澳大利亚和中国香港市场考察了隐含波动率的信息增量，研究结果均支持隐含波动率具有提高波动率预测效果的作用。

其次是 HAR 类模型与隐含波动率的结合。由于 HAR 模型具有简单的线性结构，因此可以很方便地加入其他有用的信息以提升对已实现波动率的预测效果。Andersen et al.（2007）在 HAR 模型中加入跳跃部分，Corsi and Renò（2012）在 HAR 模型中加入收益率来刻画“杠杆效应”。现如今，随着经济全球化和全球金融一体化程度的不断加深，世界各地金融市场的联系不断密切，主要体现在市场间的相依性、融合性、风险传染和波动率溢出等方面。一个清晰可见的市场观测便是：当一个市场的波动率水平上升时，与之联系密切的市场的波动率水平也会随之上升。Degiannakis and Filis（2017）指出，跨市场的波动率传输效应体现了不同市场间的信息流的传输，具体的信息传输渠道体现在股票市场、外汇市场、大宗商品市场以及宏观经济层面。基于上述原因的考虑，有些学者则从全球市场的角度考虑波动率的预测问题。Buncic and Gisler（2017）强调了跳跃部分和“杠杆效应”在全球股票市场波动率预测中的重要作用。Liu et al.（2019）将 27 个国家和地区股票市场的已实现波动率加入到原始的 HAR 模型中，发现能够显著提高我国股票市场已实现波动率的预测精度。Zhang et al.（2020）则利用主成分分析法从全球 22 个市场的已实现波动率中提取共有的信息加入到 HAR 模型中，并分别对这 22 个市场的已实现波动率的预测问题进行了研究。不同于以上文献，Liang et al.（2020）在综合已有研究的基础上，将全球 8 个发达国家和地区的具有前瞻性信息的隐含波动率加入到 HAR 模型中，大量的样本外和稳健性检验均表明隐含波动率含有的增量信息使得其预测能力比已实现波动率更强。

2.4.3　收益率和波动率预测的技术和方法

提高收益率和波动率在样本外的预测精度和稳定性一直是金融工程领域研究的热点话题。除了通过开发新的模型，引入性质更加优良的预测指标外，对新的技术和方法的开发也能够起到相同的作用。组合预测法是最基本的一种方法。Welch and Goyal（2008）检验了不同的经济变量对收益率的预测能力，发现其中的大部分变量在样本内具有很好的预测效果，但在样本外的表现却很差。为了消除模型选择的不确定性以及其他不可观测因素带来的不利影响，Rapach et al.（2010）提出了组合预测的方法。使用不同的经济变量可以求得不同的预测值，组合预测的结果就是取这些不同预测值的平均数、中位数或截尾均值等。组合预测在样本外取得了显著的改进，原因在于它可以融合来自不同模型的信息。Wang et al.（2016）提出了动态模型平均的方法，将单个模型给出的预测值进行整合，使用 S&P 500 指数的实证结果表明，动态模型平均的方法在经济和统计意义上使预测精度得到了显著的提高。Zhang et al.（2018）提出了迭代组合的方法，这种新的预测方法要比普通的组合预测法取得更好的样本外表现。Wang et al.（2018）发现在过去预测精度高的模型在近期的样本外表现同样非常好，这说明在收益率的预测中存在着动量效应。基于这种现象，他们提出了一种新的预测方法，即选择在过去一段时间内表现好的模型的预测值作为当前对未来的最优预测，在实证中的检验表明该方法能够显著提高收益率在样本外的预测精度。Zhang et al.（2019）基于预测中的动量效应，在低频的 GARCH 模型和高频的 HAR 模型的预测值中进行选择，提出了一种混频的方法来预测股票市场的波动率，他们的研究表明动量效应在波动率的预测中同样起到重要的作用。Zhang et al.（2019）利用原油市场的数据，比较了组合预测法和机器学习中的压缩估计法，结果表明压缩估计的方法取得了比组合估计的方法更好的表现。

2.5 期权隐含信息与投资组合

在构建资产组合时，对未来方差的估计是一个重要的问题。从这个角度讲，投资组合问题可以看作是波动率预测问题的延伸与实际应用。也正因为此，很多关于波动率预测的文献不局限于统计意义上预测精度的提高，而且也重视在以波动率择时为基础构建的投资组合的业绩表现上。随着计算机对海量数据处理能力的提高以及交易所对高频数据的公开，Andersen and Bollerslev（1998）检验了使用日内高频数据计算的已实现波动率的性质。在采样频率的选取上，通常使用 5 分钟的高频数据，这一点已在 Liu et al.（2015）的研究中得到证实。他们使用 31 个市场 11 年的数据，涵盖 5 种资产大类，构建了 400 多个不同的波动率指标，发现使用 5 分钟数据计算的已实现波动率具有最好的表现。已实现波动率的优良性质也被用来构建波动率择时策略。Fleming et al.（2003）证实了在交易策略的业绩表现上，使用已实现波动率要优于使用日频收益率估计的波动率。在考虑了交易费用、对预期收益率的估计误差以及不同的持有期时，结论依旧成立。Bandi and Russell（2006）认为使用高频数据计算的资产方差会受到市场微观噪声的不利影响，为此，他们提出了一个简单且稳健的方法进行噪声的过滤，实证结果表明过滤掉微观噪声的方差在波动率择时策略中能够取得更好的表现。Nolte and Xu（2015）基于包含已实现跳跃部分的 HAR 类模型而构建的投资组合可以显著提升风险厌恶投资者的效用水平。Wang et al.（2019）基于 logHARQ 模型的波动率择时策略取得了更好的业绩表现。上述文献均属于无风险资产与风险资产（市场指数）的投资组合构建问题。

另一类文献则突破了波动率预测问题的框架。Kostakis et al.（2011）在研究 S&P 500 指数和无风险资产的静态与动态配置问题时发现，经过风险调整后的隐含分布有助于改进投资组合的业绩表现，即使在考虑交易成本的情况下，结论依然成立。而在考虑风险资产之间的配置时，比如个股之间，如何使用期权数据来构建隐含相关系数或者隐含β系数是一个核心问题。从数据上讲，需要同时使用指数和其成分股的期权数据才能构建完全隐含的相关系数或者β系数，美国发达的期权市场为此类研究提供了有力的数据支持。French et al.（1983）利用个股和市场指数的隐含波动率以及历史相关系数构建了半历史半隐含的β系数。Chang et al.（2012）使用个股和市场指数的隐含波动率以及无模型隐含偏度构建了完全隐含的β系数。Buss and Vilkov（2012）通过假定 P 和 Q 测度下个股之间的相关系数遵循一定的等式关系，进而推导出了完全隐含的β系数。这为构建完全隐含的方差协方差矩阵，进而研究风险资产之间的配置问题提供了理论基础。Demiguel et al.（2013）在 Buss and Vilkov

（2012）的研究的基础上，对投资组合的管理问题进行了深入研究，发现期权隐含波动率能够有效降低投资期间的组合波动率，而隐含偏度的效果并不显著。Kempf et al.（2014）研究证实了期权隐含信息在一定程度上可以有效地提高资产组合的配置效率，以道琼斯指数的成分股为资产池，通过假定个股之间具有相等的相关系数，发现在完全利用期权隐含信息的条件下构造的最小方差组合的业绩表现要优于完全基于历史数据构造的最小方差组合以及市值加权和等权重组合，且在市场处于危机时，效果更加明显。Harris et al.（2019）在横截面维度上探究了不同的隐含β系数与股票收益率之间的关系，实证结果表明，虽然隐含β系数与股票收益率之间不具有稳健的关系，但 Buss and Vilkov（2012）所提出的隐含β系数具有最好的表现。类似的研究包括：Wang and Yen（2017）探究了隐含波动率期限结构与收益率的关系，Ammann and Feser（2019）探究了隐含在险价值对股票收益率的预测能力。

2.6 期权隐含信息与期权定价

迅速发展的期权市场需要一个更加精确的定价公式，只有这样才能为市场投资者提供一个更加可靠的价格指引，才能充分发挥期权市场在价格发现、风险对冲和投资组合管理中的经济功能。Black and Scholes（1973）和 Merton（1973）解决了长期困扰业界和学界的期权定价问题，提出的 B－S－M 公式被誉为“华尔街的第二次革命”。该公式因其简单易用性，直到今天仍被广泛使用。Merton（1976）为了刻画收益率序列中存在的大幅变动现象，在模型中加入了跳跃部分。1987 年 10 月 19 日的“黑色星期一”使得市场从业者开始认识到由 B－S－M 公式反解的隐含波动率并不像模型假定的那样是一个常数，而是呈现出微笑的形态，并且标的资产的收益率也不服从正态分布。为了解决这个问题，进而提高期权定价公式的精度，Heston（1993）考虑了随机波动率对期权定价的影响；Bates（1996）则在 Heston（1993）的基础上加入跳跃部分。此后的研究则是在更加一般的扩散过程下考虑期权定价问题，如 Carr and

Madan（1999）、Lewis（2001）和 Bates（2006）等。以上都是连续时间框架下的期权定价模型。

离散时间框架下的期权定价要依赖于 GARCH 类模型，其发展历史要远远晚于连续时间框架下的模型。Duan（1995）第一个利用 GARCH 类模型进行期权定价的研究，他提出的 LRNVR 为离散时间框架下的测度变换提供了理论依据。但由于 Bollerslev（1986）的 GARCH 模型具有非仿射结构，因此，最终的结果不具有显示解。Heston and Nandi（2000）是第一个在离散框架下得到期权定价模型显示解的研究，关键之处在于他们提出的条件方差方程具有仿射结构，这为后续的研究提供了极大的借鉴价值。相比连续时间下的期权定价模型，离散时间下的模型无论是在理论推导还是在实证检验上都要更加简洁容易，尤其体现在对状态变量条件方差的过滤上。这一巨大的优势在面临大数据集时，有助于降低计算机的运行负担并减少程序的运行时间。Christoffersen et al.（2006）基于逆高斯分布提出了 IG－GARCH 模型，该模型最大的一个特点是能够刻画条件偏度，同样地能够得到期权价格的显示解。Christoffersen et al.（2008）将条件方差方程分为长期和短期两个部分，方差的分解使得 GARCH 模型具有更强的长记忆能力，并且对方差的冲击可以持续更长的时间，这一特性对提高长期限的期权合约的定价效果具有显著帮助，在该模型下求得的期权价格同样具备显示解。在市场遭遇极少发生的巨大冲击时，收益率序列往往会存在跳跃现象，Christoffersen et al.（2012）将跳跃部分引入 Heston and Nandi（2000）的框架中，由于时变跳跃强度的加入，使得模型具有非零的条件偏度和条件超额峰度，能够更好地刻画收益率分布“尖峰厚尾”的特性，该种建模方式对降低 VIX 较高时期的期权合约的定价误差具有重要意义，同时该模型下的期权价格同样具备显示解。总的来说，GARCH 类模型具有两条方程，其一是收益率方程，其二是条件方差方程。在此类模型的体系下，能够完成对一阶矩和二阶矩衍生产品的定价过程。具体来说，对股票期权的定价，主要是考虑收益率在未来的演进过程；对 VIX 期货和期权的定价，主要是考虑条件方差在未来的演进过程。从某种程度上讲，资产定价是收益率和波动率预测问题的延伸，由于已经将研究的问题拓展到未来多期，因此对数学工具的使用也提出了更高的要求。

上述离散时间框架下的期权定价模型通过迭代求得条件方差时，本质上使用的是收益率序列的信息。由于高频数据的可得性以及已实现波动率的优良性质，一些学者开始考虑将已实现波动率纳入期权定价模型中。Christoffersen et al.（2014）提出的 GARV 模型纳入了已实现波动率的动态过程，并得到期权价格的解析解。Corsi et al.（2013）利用广义 Gamma 分布来描述已实现波动率的动态过程，用 HAR 模型刻画已实现波动率的长记忆性，不过该模型无法得到解析的期权价格。Majewski et al.（2015）改进了 Corsi et al.（2013）中杠杆项的建模方式，得到解析的期权价格。由于 VIX 的理论值和条件方差之间具有线性关系，因此，可以由 VIX 的实际取值来反解得到条件方差，而不是通过收益率序列进行过滤。于是，另一类文献则开始考虑使用 VIX 校准期权定价模型中的条件方差，从而通过使用具有前瞻性信息的数据来改进已有模型的定价效果。目前知道的只有 Kanniainen et al.(2014) 一篇研究成果，因此在该方向上具有一定的研究空间。由此可见，具有前瞻性信息的 VIX 不仅可以提高波动率的预测效果，同样可以改进资产定价的精度。

2.7 文献述评

国内最早研究期权隐含信息的文献主要集中于香港和台湾市场，这两个地区要比内地更早地推出场内期权合约，为相关的研究创造了条件。陈蓉和方昆明（2011）研究了香港市场的波动率风险溢价问题，通过使用恒生指数看涨期权构建 Delta 中性组合进行估计，研究结果表明香港市场的波动率风险溢价显著为负，说明投资者是风险厌恶的，进一步的分析表明股票现货市场的波动率是其最重要的影响因素。刘杨树等（2012）研究发现，香港市场存在显著的高阶矩风险溢价，并且绘制的“微笑曲线”呈现水平直线的形态，背后的原因在于市场收益率的整体分布不能拒绝正态分布的假设。陈蓉等（2016）则对台湾市场的隐含偏度风险溢价的基本特征、信息含量、预测能力和影响因素进行了深入研究。郑振龙和郑国忠（2017）基于台湾期权市场的数据，研究了协偏度以及协峰度等高阶协矩，实证结果表明，综合考虑多个市场的信息将有助于进一步提升预测效果。郑振龙等（2019）利用在岸和离岸市场人民币期权的数据，探究了央行的“8·11”汇改对人民币汇率衍生品市场的影响，研究结果表明汇改后在岸和离岸期权市场的效率有着显著的提高。

自从上证 50ETF 期权上市后，内地市场对期权的实证研究逐渐多起来。刘庞庞（2017）和韦晓静（2018）利用双重差分的方法探究了期权推出对现货市场波动性的影响。丛明舒（2018）以及郑振龙和秦明（2018）从中美市场对比的角度出发，探究了两个市场隐含波动率的差异。李蒲江和郭彦峰（2017）探究了隐含波动率和方差风险溢价对市场收益率的预测能力。倪中新等（2020）则研究了上证 50ETF 期权隐含波动率微笑形态的风险信息含量。在风险预警和市场波动方面的研究包括：屈满学和王鹏飞（2017）、王鹏和吴金宴（2018）以及梁朝晖和郭翔（2020）。杨兴林和王鹏（2018）则研究了期权的理论定价问题。

目前，基于中国市场的期权隐含信息探究收益率预测的文献主要集中于方差风险溢价和风险中性分布的高阶矩，还没有文献从隔夜和日内时段的角度探究隐含波动率价差对收益率的预测能力。考虑到我国资本市场投资者异质信念表达的差异，隔夜和日内时段的收益率具有不同的特性，对日度收益率的进一步拆解将有助于理解期权市场和现货市场的信息传递在隔夜和日内时段的不同，这将有助于进一步解答隐含波动率价差对日度收益率不具有显著预测能力的原因。此外，不同于美国市场，中国的“微笑曲线”呈现对称形态，目前的文献只是探究其左侧和平值附近的偏斜程度，并未研究其右侧倾斜的信息含量。本书将对中国的“微笑曲线”做出一个综合全面的研究。

虽然国内已有文献使用 HAR 模型探究中国波指（iVIX 指数）在已实现波动率预测中的增量信息，但其研究结论显示隐含波动率在样本外的预测能力有限且更多地受到投资者情绪的影响。潜在的原因在于已有文献的样本区间是 2015—2017 年初，不仅样本量小，而且区间内市场在大部分时间经历了异常波动。考虑到中国波指的停更，本书将自行构建隐含波动率指数，可以有效避免因样本容量小带来的实证偏差。通过对隐含波动率指数的“周内效应”和“杠杆效应”的检验来确定其基本性质，利用样本内和样本外的预测结果来确定隐含波动率在已实现波动率预测中的信息增量，平方根和对数形式的 HAR 模型的引入可以进一步增强实证结果的稳健性。

已有文献对期权隐含信息的研究更多地侧重于统计意义上的显著性，缺乏对经济含义的考察，并未将研究成果进一步应用于实践性更强的风险管理和投资组合之中。本书进一步将预测相关的研究推广至投资组合中，研究了单风险和多风险资产的配置问题。具体地，基于波动率预测构建市场择时策略，优化投资者在上证 50ETF 和无风险资产的配置以进一步提升效用水平；使用隐含波动率改进对方差协方差矩阵的估计，优化上证 50 指数成分股的配置表现。总之，本研究涵盖收益率预测、波动率预测和投资组合，研究成果具有一定的理论和现实意义，将对投资者的风险管理和资产配置具有借鉴意义。

第 3 章　我国期权市场发展概况和特征

期权是一种拥有悠久历史的金融产品，其萌芽阶段可以追溯至几千年前。当时，古希腊的哲学家、数学家和天文学家泰勒斯通过对天象的观察，预测来年橄榄会取得一个较好的收成，为此，他提前与橄榄油榨机的业主签订协议，以取得来年以固定价格使用榨机的权利。因此，泰勒斯被认为是第一个运用期权交易的人。现代期权交易则是在 18 世纪后期纽约证券交易所成立后发展起来的，伴随着股票的交易而出现。但此时的期权交易都是在场外市场进行，发展不成熟且市场组织框架松散，期权合约的买卖双方需要通过经纪商来完成交易。在 20 世纪 70 年代后，随着布雷顿森林体系的瓦解和金融管制的放松，金融创新和金融自由化成为金融领域中所呈现的两大发展趋势。1973 年是金融工程史上具有里程碑意义的一年，Black 和 Scholes 以及 Merton 分别独立地提出了欧式期权定价公式，解决了困扰学界和业界多年的问题，被誉为是“第二次华尔街革命”。同年，芝加哥期权交易所（CBOE）成立，推出 16 只股票的看涨期权，标志着具有标准化的场内期权交易时代的到来。

起初，社会各界对期权市场的发展一直存在着质疑的声音：期权产品是否有利于维护金融市场的健康发展？是否能够促进实体经济的增长？甚至有人认为期权市场是投机市场，并且存在欺诈性的交易行为。1974 年，CBOE 向美国证券交易委员会（SEC）提交的《南森报告》，以及 1984 年美国四大部门联合发布的《四方报告》打消了社会各界的顾虑。两份报告高度肯定了期权市场对实体经济和金融市场发展的重要作用，认为期权市场为广大参与者提供了风险转移的手段；提高了标的资产流动性的同时，并没有增加价格波动水平；提升了经济效率，并且没有减少金融市场的资金供给总量，反而会有利于真实资本的形成。随着期权经济功能的日益凸显，美国期权市场的合约类型不断丰富：1981 年，夏德—约翰逊协议的达成，废除了期货或期权产品必须实物交割的规定，现金交割制度的合法化促使股指期货和股指期权的诞生；20 世纪 90 年代后期，随着美国 ETF 市场规模的发展壮大，以 ETF 为标的的期权产品被创造出来。目前，美国期权市场涵盖的标的资产种类包括股指、个股、ETF、利率、外汇和大宗商品等。

期权产品在美国市场的成功，也为欧洲、日本和我国香港等发达市场起到了很好的示范作用。这些发达市场紧随美国期权市场发展的步伐，陆续推出本市场相关的期权产品，发展路径与美国市场基本相同，遵循着股票期权、股指期权和 ETF 期权的发展顺序。由于新兴市场国家和地区普遍存在着投资者对期权品种缺乏了解、监管制度不完善、股票市场效率较低等特点，因此推出期权的时间较晚，大都优先发展交易较为简单、监管较为容易并且难以操纵的股指期权。1997 年，韩国证券交易所推出了 KOSPI 200 股指期权。2001 年，印度国家证券交易所和我国台湾期货交易所均推出各自的股指期权。在过去二十年中，我国资本市场发展迅速，总市值规模已跃居全球第二，但产品结构单一问题仍然存在。直到 2015 年 2 月 9 日，上海证券交易所（SSE）正式推出上证 50ETF 期权，这是国内第一只场内期权。虽然我国期权市场起步晚，但发展十分迅速。经过多年充分扎实的准备，在前期仿真交易的经验基础上，2019 年 12 月 23 日上交所推出以华泰柏瑞沪深 300ETF 为标的资产的期权合约，深圳证券交易所（SZSE）推出以嘉实沪深 300ETF 为标的资产的期权合约，中国金融期货交易所（CFFEX）推出沪深 300 股指期权。这对进一步满足投资者避险需求，完善我国资本市场风险管理体系以及促进资本市场稳步健康发展具有重要意义。自此，我国期权市场迎来了一个崭新的发展阶段。

截至 2021 年底，由于上证 50ETF 期权的推出已有 6 年多的时间，而其他 3 种金融期权产品仅有 2 年的交易历史，因此本章主要围绕上证 50ETF 期权从以下三个方面对我国期权市场发展概况、统计指标和市场特点展开介绍。本章的内容有助于对我国的期权市场形成一个初步认识，并且为后续第 4～6 章的研究提供经济学直觉。

3.1 期权市场的发展概况

2004 年 1 月 2 日，上海证券交易所正式推出上证 50 指数，该指数由沪市 A 股中规模最大、流动性最强的 50 只股票组成，反映上海证券市场中最具影响力的一批优质企业的股票价格表现，通常每半年调整一次成分股。截至 2020 年底，这 50 家上市公司的总市值占我国股票市场总市值的 25%以上，其中有 30 只成分股也被纳入 MSCI 中国 A 股在岸指数，分布的行业主要集中于金融业和制造业，如表 3－1 所示。2004 年 12 月 30 日，华夏基金管理有限公司正式成立境内首只跟踪上证 50 指数的交易型开放式指数基金，即上证 50ETF 基金。截至 2020 年底，我国 A 股市场共有 277 只股票类 ETF，总市值规模约 7 281 亿元，其中上证 50ETF 以 578 亿元的资产规模位列第一。

表 3－1　　上证 50 指数成分股的所属行业

行业类别	市值（万元）	比例（%）
金融业	2 384 179.67	42.14
制造业	2 381 697.71	42.10
租赁和商务服务业	205 197.75	3.63
信息技术服务业	149 677.34	2.65
采矿业	146 349.37	2.59
科学技术服务业	128 713.48	2.28
建筑业	104 671.04	1.85
房地产业	84 548.16	1.49
交通运输业	68 735.22	1.27

数据来源：Wind。

在过去的十多年间，虽然我国股票市场得到了迅速发展，在总市值方面目前已是仅次于美国的世界第二大股票市场，但相对于其他金砖国家或新兴市场国家，如巴西、俄罗斯、印度和波兰等，我国的期权市场起步较晚。直到 2015 年 2 月 9 日，我国才迎来第一只场内期权，即上证 50ETF 期权。上交所选择上证 50ETF 作为标的资产，有以下两方面的考虑：首先，上证 50ETF 追踪的是我国规模最大且流动性极高的 50 只股票，不容易被市场操纵，投资者对基于该标的资产的期权合约具有更强的信心。其次，对引导我国个人投资者的投资理念具有重要意义。一直以来，我国个人投资者热衷于高风险的小市值公司，上证 50ETF 期权的推出，将有助于形成长期价值投资的理念。随后，在 2015 年 4 月 16 日，中国金融期货交易所推出我国第二只股指期货，即上证 50 股指期货。至此，我国资本市场已形成完整的期货和期权相互配合的场内市场风险管理体系。

自上证 50ETF 期权推出后，多项指标表明，市场运行平稳，规模稳步增长，经济功能日益凸显，得到了长足的发展。2020 年，上证 50ETF 期权累计成交 5.19 亿张，其中看涨期权 2.89 亿张，看跌期权 2.29 亿张，日均成交 213.37 万张，单日最大成交 510.12 万张，日均持仓 278.81 万张，累计成交面值 16.30 万亿元，累计权利金成交 3 187.49 亿元，期权投资者账户总数达到 48.97 万户。而在 2015 年，全年累计成交仅有 0.23 亿张，日均持仓仅有 27.17 万张，累计成交面值仅有 5 910 亿元，累计权利金成交仅有 237 亿元，期权投资者账户总数仅为 8.16 万户。图 3-1 绘制了 2015—2020 年上证 50ETF 期权逐月日均成交量和持仓量的时序图，从图中可以看出，除去 2020 年受新冠疫情影响的月份外，上证 50ETF 的交易量和持仓量都有一个稳步的增长。

上证 50ETF 期权在合约设定上具有自己的特色，表 3-2 展示了合约细节。起初，上交所在上市新的期权合约时，只有 5 个行权价格，分别是 2 个虚值、2 个实值和 1 个平值合约。后来，为了弥补行权价格间距过大的问题，在 2018 年初，新上市的期权合约拥有 9 个行权价格，即 4 个虚值、4 个实值和 1 个平值合约。当标的资产价格发生变动时，

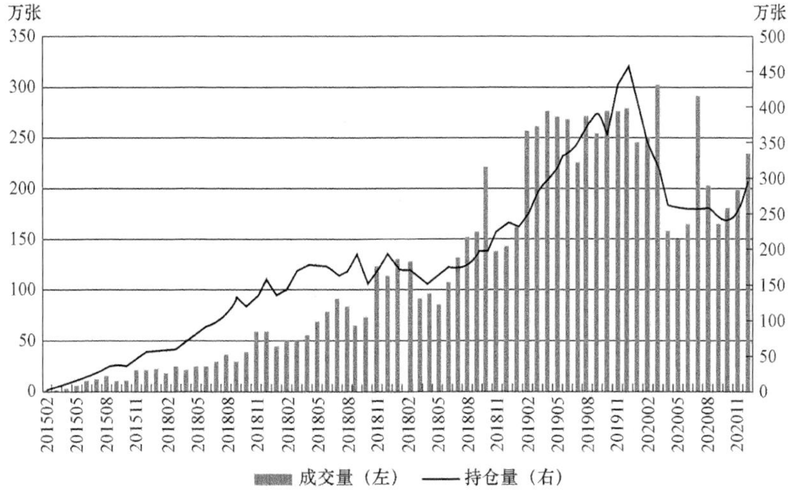

图 3-1　上证 50ETF 期权逐月日均成交量和持仓量

交易所为了平衡实值和虚值合约的数量，也会适时加挂新的期权合约；当标的资产分发红利时，已有合约的执行价格和合约乘数会进行相应的调整，由于调整后旧合约的合约乘数不再是 10 000，交易所为了保持合约标准化的特征，会同时推出新的期权合约。在每个交易日，投资者都会面临 4 个不同期限的合约类型，分别满足了不同投资期限的投资者的需求。不同于股指期权的现金交割，上证 50ETF 期权在清算时采用实物交割的方式。合约共有 6 种买卖类型，其中对个人投资者的期权交易实行严格的权限管理。个人投资者的资金门槛是 50 万元，而且需要通过期权交易资格考试的认证，共分为三个等级，对应不同的交易权限。一级投资者仅限于在持有标的资产的情况下进行对冲交易，如备兑开仓和保险策略开仓；二级投资者可以进行买入开仓；三级投资者可以进行任意的期权交易。在个人投资者的开户数和交易量中，三级投资者的占比最大。由此可见，期权市场上的交易者会具备更加专业的知识素养和交易技能，其交易行为会使得期权价格中蕴含着丰富的前瞻性信息。

表 3－2　　上证 50ETF 期权合约的基本条款

项目	说明
标的资产	上证 50ETF
期权种类	看涨期权和看跌期权
行权方式	欧式期权
合约乘数	10 000 份（当标的资产分红后会进行相应的调整）
到期月份	当月、下月和随后两个季度月
到期日	到期月份的第四个星期三（遇法定节假日顺延）
执行价格	9 个（4 个虚值合约，1 个平值合约，4 个实值合约）
交易时间	9:30—11:30 和 13:00—15:00
交易机制	T＋0
买卖类型	买入开仓/买入平仓/卖出开仓/卖出平仓/备兑开仓/备兑平仓
清算方式	实物交割
交易所	上海证券交易所

数据来源：Wind。

按照交易类型的不同，表 3－3 给出了个人和机构投资者的交易量占比的统计数据。2020 年，机构投资者的交易占比为 55.82%，高于个人投资者。此外，个人投资者和机构投资者表现出不同的交易偏好。个人投资者更偏好买入开仓和卖出平仓，占其所有交易的 62.20%；而机构投资者更偏好卖出开仓和买入平仓，占其所有交易的 80.33%。在备兑开仓和备兑平仓中，个人投资者的比例要高于机构投资者。机构投资者的交易目的以增强收益和套利交易为主，个人投资者则以增强收益和方向性交易为主。

表 3－3　　2020 年个人和机构投资者的交易偏好　　单位：%

交易类型	个人投资者	机构投资者	全部投资者
买入开仓	14.22	6.76	20.98
买入平仓	7.99	20.98	28.97
卖出开仓	8.64	23.86	32.50
卖出平仓	13.26	4.18	17.44
备兑开仓	0.04	0.02	0.06
备兑平仓	0.03	0.02	0.05
合计	44.18	55.82	100

数据来源：《上海证券交易所股票期权市场发展报告》。

值得一提的是，2015 年 9 月，证监会发布公告称股指期货市场上的投机交易行为是造成“股灾”的一个重要原因，此后对股指期货的交易采取了严格的限制措施，具体内容包括：将每日开仓的合约数量限制为 10 张以及大幅提高保证金比例和交易费用。这些规定的出台，虽然在很大程度上遏制了市场的投机行为，维护了市场稳定，但导致股指期货的成交量出现大幅下滑。在此后很长的一段时间内，由于股指期货的交易受限，上证 50ETF 期权成为广大投资者进行风险管理的重要替代性工具。由于期权具有非线性的损益结构，相对于期货是一种更为精细的风险管理工具，能够更有效地管理市场中的“方向性风险”和“波动性风险”，因此，期权市场在此期间得到了稳步快速的增长。

ETF 期权和股指期权在合约基本条款的设定上存在差异，为了进行比较分析，在表 3－4 中列出了沪深 300 股指期权合约的基本条款。可以发现，上证 50ETF 期权和沪深 300 股指期权存在以下几点不同：首先，沪深 300 股指期权的报价单位是指数点，每个指数点对应 100 元人民币；其次，在每个交易日有 6 个不同期限的沪深 300 股指期权合约供投资者选择，存续期最长的是第 3 个季度月合约，基本能够覆盖未来 1 年的关键期限，满足了不同期限的投资者对交易和风险管理的需求；再次，沪深 300 股指期权的清算方式是现金交割，能够有效降低交割风险，实际操作更加便捷；最后，在到期日和执行价格等方面的设置上，两类期权合约也存在一些差异。

表 3－4　　沪深 300 股指期权合约的基本条款

项目	说明
标的资产	沪深 300 指数
期权种类	看涨期权和看跌期权
行权方式	欧式期权
合约乘数	报价单位是指数点，每点 100 元人民币
到期月份	当月、下两个月和随后三个季度月
到期日	到期月份的第三个星期五（遇法定节假日顺延）
执行价格	行权价格覆盖沪深 300 指数上一交易日收盘价上下浮动 10%的价格区间，行权价格间距与指数收盘价和合约的期限有关
交易时间	9:30—11:30 和 13:00—15:00
交易机制	T＋0
交易代码	看涨期权：IO 合约月份－C－执行价格 看跌期权：IO 合约月份－P－执行价格
清算方式	现金交割
交易所	中国金融期货交易所

数据来源：Wind。

除了金融期权，商品期权是我国期权市场的另一个组成部分。2017 年 3 月 31 日，大连商品交易所正式推出豆粕期权，填补了我国商品期权的空白。截至 2021 年底，我国期权市场共有 24 个品种，其中 3 个 ETF 期权，1 个股指期权，20 个商品期权。从表 3－5 可知，我国的商品期权已经涵盖了农产品、能源化工、黑色金属、有色金属和贵金属等板块，均是美式期货期权。虽然商品期权的种类数目远远大于金融期权，但在成交规模和持仓规模上，金融期权则占据绝对优势。未来我国期权市场发展前景广阔，还会扩充更多的期权品种，特别是推出与市场上的主力期货合约相对应的期权品种，构建期货和期权完整的场内市场风险管理体系。期权市场作为资本市场重要的组成部分，将会对我国经济和金融的健康稳定发展发挥积极的作用。由于上证 50ETF 期权上市时间最长，交易量、成交金额以及持仓量最大，因此本书以上证 50ETF 期权作为研究对象。

表 3－5　　我国金融和商品期权品种汇总

交易所	期权品种	行权方式
上海证券交易所	上证 50ETF 期权，沪深 300ETF 期权	欧式
深圳证券交易所	沪深 300ETF 期权	欧式
中国金融期货交易所	沪深 300 股指期权	欧式
上海期货交易所	铜期权，铝期权，锌期权，天然橡胶期权，黄金期权	美式
大连商品交易所	豆粕期权，玉米期权，铁矿石期权，液化石油气期权，聚乙烯期权，聚氯乙烯期权，聚丙烯期权，棕榈油期权	美式
郑州商品交易所	白糖期权，棉花期权，PTA 期权，甲醇期权，菜籽粕期权，动力煤期权	美式
上海国际能源交易中心	原油期权	美式

数据来源：Wind。

3.2　期权合约的统计指标

期权的合约类型、在值程度和剩余期限（DTM）是期权合约的三大要素。其中，后两个要素也是隐含波动率曲面的两个维度。在表 3－6 中，本章依据合约类型，分为看涨和看跌 2 种类型；依据执行价格（K）与标的资产价格（S_t）之比衡量的在值程度，将合约分为 5 种类型，分别是深度实值（DITM）、实值（ITM）、平值（ATM）、虚值（OTM）和深度虚值（DOTM），分割点是 0.9、0.97、1.03 和 1.1；依据剩余期限分为 6 种类型。在三个时间区段上，分别统计了不同类型下期权合约交易量的占比情况。

从表 3-6 中，可以得到以下结论：在整个样本期内（2015 年 2 月—2020 年 12 月），看涨期权共成交 9.64 亿张，看跌期权共成交 7.75 亿张，前者要比后者高出 24%。无论是在 2015 至 2016 年初的“股灾”期间，还是之后的时间段内，看涨期权的成交量要远远高于看跌期权。从在值程度看，无论是看涨还是看跌期权，平值和虚值合约的交易要远远比实值合约更活跃，前者占据了近 90%的成交量，这意味着平值和虚值合约更能反映投资者对市场未来走势的预期，蕴含着更丰富的信息，这也是在期权相关的文献中剔除实值合约，仅保留平值和虚值合约进行实证研究的原因。从剩余期限看，60 天以内的期权合约成交量的占比超 90%，说明投资者进行期权交易主要用来满足自身中短期的需求，这也意味着在中国市场对期权建模时，不需要施加太强的长记忆性模型结构。

表 3-6　　不同期权合约的成交量统计

	201502—201601		201602—202012		201502—202012	
	看涨期权	看跌期权	看涨期权	看跌期权	看涨期权	看跌期权
合计	15 714 419	12 086 590	948 609 282	762 654 449	964 323 701	774 741 039
DITM	0.047	0.074	0.011	0.010	0.012	0.011
ITM	0.148	0.156	0.104	0.093	0.105	0.094
ATM	0.368	0.372	0.585	0.580	0.582	0.577
OTM	0.251	0.266	0.238	0.263	0.239	0.264
DOTM	0.186	0.132	0.061	0.053	0.063	0.054
DTM < = 10	0.224	0.228	0.264	0.254	0.263	0.254
10～30	0.513	0.516	0.482	0.479	0.482	0.479
30～60	0.184	0.179	0.182	0.183	0.182	0.183

续表

	201502—201601		201602—202012		201502—202012	
	看涨期权	看跌期权	看涨期权	看跌期权	看涨期权	看跌期权
60～90	0.033	0.035	0.024	0.026	0.025	0.026
90～180	0.038	0.033	0.036	0.043	0.036	0.043
DTM＞180	0.008	0.009	0.012	0.014	0.012	0.014

数据来源：Wind。

在业界和学界广泛使用的 B－S－M 期权定价模型中，波动率是唯一无法从市场上被直接观测的变量。通过反解 B－S－M 公式，可以得到市场价格所对应的隐含波动率。有时对期权的报价不是直接报出绝对的市场价格，而是报出隐含波动率水平，期权交易也因此被称为波动率交易。表 3－7 统计了不同合约类型的平均隐含波动率，可以得出看跌期权的隐含波动率要高于看涨期权，因此，看跌期权的价格相对看涨期权会更贵一些。“股灾”期间市场波动剧烈，投资者通过期权为持有的资产头寸购买保险，规避市场风险带来的不利影响，在此期间，期权的隐含波动率水平要远远高于“非股灾”期间的水平。隐含波动率与在值程度之间的关系，就是著名的“微笑曲线”。表 3－7 表明，我国期权市场的看涨期权的“微笑曲线”具有对称的形态，看跌期权具有右偏的形态，而美国市场的个股和指数期权的“微笑曲线”呈现出明显的左偏形态。这一不同的现象，意味着在我国市场上蕴含丰富信息的期权合约的分布与美国市场有所不同。同样地，检验 GARCH 类模型对我国期权合约的定价效果时，“杠杆效应”的系数取值为负，并没有表现出美国市场上显著为正的取值。隐含波动率与剩余期限之间的关系，即隐含波动率的期限结构，反映了投资者对未来市场波动水平的预期。从表 3－7 可以看出，临近到期合约的隐含波动率要显著高于其他合约，这主要是因为在期权临近到期时会面临行权和流动性下降等因素的影响，从而导致波动率较高，因此，在实证研究中，通常将临近到期的合约从样本中剔除。

表 3－7　　不同期权合约的隐含波动率统计

	201502—201601		201602—202012		201502—202012	
	看涨期权	看跌期权	看涨期权	看跌期权	看涨期权	看跌期权
合计	0.354	0.439	0.212	0.236	0.234	0.267
$K/S_t<=0.9$	0.412	0.420	0.291	0.263	0.313	0.292
0.9～0.97	0.322	0.396	0.204	0.215	0.222	0.239
0.97～1.03	0.325	0.404	0.182	0.206	0.201	0.231
1.03～1.1	0.362	0.458	0.204	0.240	0.226	0.270
$K/S_t>1.1$	0.386	0.552	0.250	0.316	0.277	0.364
DTM<=10	0.450	0.524	0.304	0.352	0.326	0.379
10～30	0.395	0.476	0.235	0.249	0.258	0.283
30～60	0.351	0.437	0.206	0.225	0.229	0.258
60～90	0.367	0.429	0.211	0.224	0.237	0.258
90～180	0.331	0.413	0.198	0.221	0.218	0.249
DTM>180	0.313	0.405	0.187	0.221	0.205	0.246

数据来源：Wind。

3.3　已实现波动率和隐含波动率

首先，对近几年我国股票市场的走势情况进行简单的介绍。在图 3－2 中绘制了标的资产上证 50ETF 的日收盘价序列图，可知在 2015 年下半年的“股灾”期间，2016 年初“熔断机制”推出又取消期间，2018 年美国挑起中美贸易摩擦以及 2020 年春季的新冠疫情期间，上证 50ETF 的价格呈现下跌趋势；而在其他时期，保持了一个稳步增长的态势。

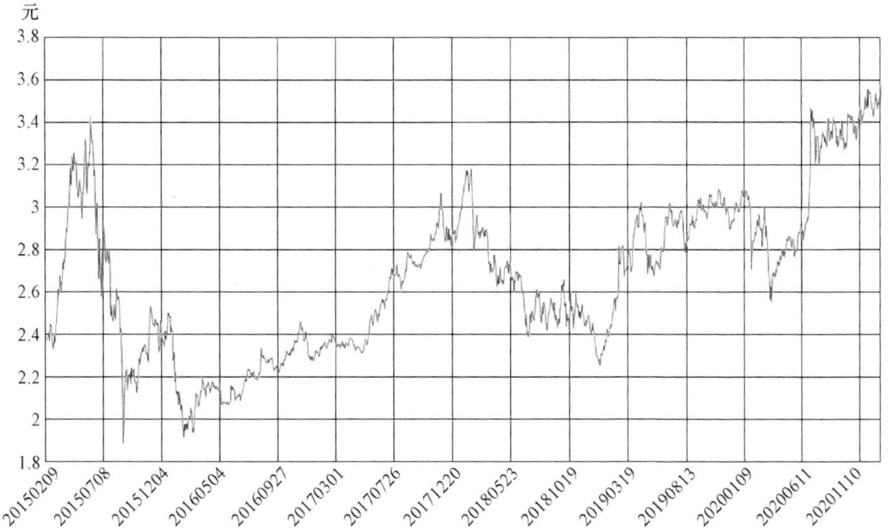

图 3－2　2015—2020 年上证 50ETF 日收盘价

不同于价格和收益率，资产的波动率是无法从市场上直接观测到的，因此，存在很多种计算波动率的方法。第一大类是基于收益率序列。最简单的历史波动率是由过去一段时间内收益率的标准差计算而来。通过模型对收益率序列建模，如 GARCH 类模型，同样也可以得到标的资产的波动率。这两种方法都使用的是低频（日频）数据。还有一种是使用高频（比如 5 分钟）的收益率序列，通过计算收益率的平方和求得波动率，即已实现波动率（Realized Volatility）。已实现波动率相对前两种方法计算的波动率会表现出更好的经济意义，因此，被广泛地用于波动率预测与期权定价中。总之，这类方法计算的波动率只利用了市场在过去或当前的可得信息，并不具有前瞻性。第二大类是基于期权的隐含波动率（Implied Volatility）。由于投资者在进行期权交易时，会考虑到未来市场的走势，因此，隐含波动率会反映投资者的预期，属于前瞻性指标，在改进波动率预测与期权定价效果中能够发挥重要的作用。隐含波动率的计算方法主要有以下两种：第一种通过反解 B－S－M 模型即可得出期权的隐含波动率，但由于隐含波动率会随期权的执行价格和剩余期限而变，即形成隐含波动率曲面，选取曲面上的哪一点作为隐含波动率的衡量标准是至关重要的。一般的做法是通过对波动率曲面进行线性插值，将平值和剩余期限为 30 天所对应的隐含波动率作为最终的取值。由于在该点处期权的交易最为活跃，信息量最大，所以最具有代表性。第二种方法认为所有期权中都蕴含着与交易相关的有用信息，如果只是选取平值和 30 天所对应的隐含波动率会遗漏相当的信息，而且第一种方法中还蕴含着使用假设条件与现实市场不能完全相符的 B－S－M 模型带来的“模型风险”，因此“无模型”方法被开发出来。这种方法首先需要对有限个期权点进行线性插值，然后通过数值积分的方法求得特定期限下的隐含波动率。这种方法的缺点是，如果期权的执行价格数量较少时，会带来较大的计算误差，从方法上也比第一种要复杂得多。

图 3－3 绘制了上证 50ETF 的已实现波动率和隐含波动率。在市场不确定性增加时，已实现波动率和隐含波动率会达到一个较高的水平。在整个样本期内，隐含波动率的平均值是 24.13%，高于已实现波动率的平均水平 17.74%。通常，我们将隐含波动率与已实现波动率的差值称为方差风险溢价，这一指标可以反映投资者对波动率风险的厌恶程度。同期，美国市场 S&P 500 指数的隐含波动率的平均值是 14.95%，已实现波动率的平均值是 9.44%。我国市场的波动水平要远高于美国市场。相对以机构投资者为主导的发达成熟的美国市场，我国股票市场每年成交额的 80%来自 1.9 亿户个人投资者，市场投资散户化，追涨杀跌、投机氛围浓厚，缺乏机构投资者的力量支持，没有形成长期的价值投资理念，因此市场具有明显的高波动特征。对我国市场的波动率水平进行更精准的预测具有重要的意义，将有助于增强投资组合的长期收益水平，同时也会提高对市场未来走势的预判，提高风险管理水平。关于波动率预测和资产配置相关的内容，本书将在第 5 章和第 6 章展开介绍。

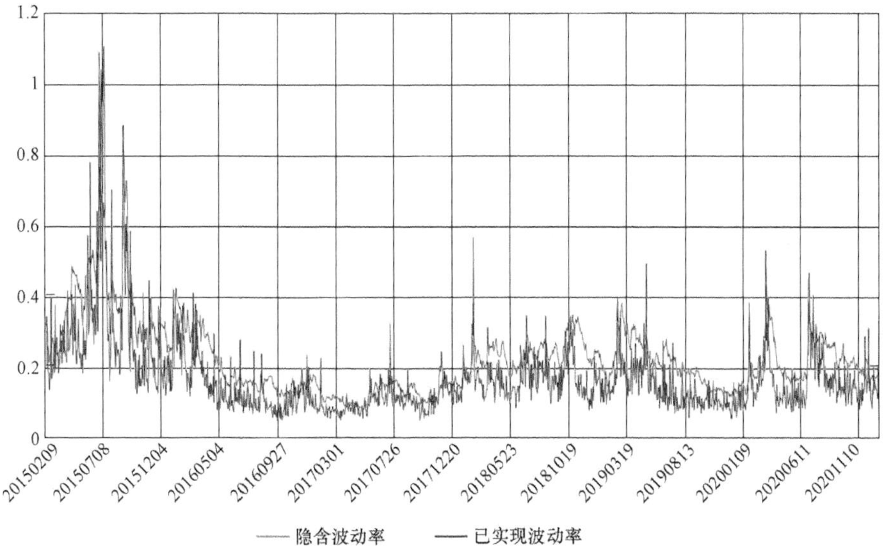

图 3-3　2015—2020 年上证 50ETF 的已实现波动率和隐含波动率

3.4　隐含波动率曲线的量化

Derman and Kani（1994），Dupire（1994）以及 Rubinstein（1994）假定隐含波动率是资产价格和剩余期限的确定性函数，并在此基础上建立的期权定价模型能够很好地拟合市场价格。Dumas et al.（1998）则假定隐含波动率是执行价格和剩余期限的确定性函数，并取得了更好的定价和对冲效果。Zhang and Xiang（2008）将隐含波动率表示为在值程度的二次曲线，并给出了二次曲线的系数和标的资产风险中性下各阶矩之间的关系。随后，基于 Zhang and Xiang（2008）的研究方法，Guo et al.（2021）和 Jia et al.（2021）等分别量化了 SPY 和大宗商品等期权市场的隐含波动率曲线的形状，并探究了二次曲线的系数对标的资产收益率的预测能力。在这里，本章借鉴 Zhang and Xiang（2008）的方法，分别量化出上证 50ETF 看涨和看跌期权的微笑曲线，进一步直观地观察看涨和看跌期权隐含波动率的水平差异以及各自的形态特点。

首先，定义期权的在值程度 ξ：

$$\xi = \frac{K}{S_t} \tag{3-1}$$

其中 K 是执行价格，S_t 是标的资产价格。然后，我们使用如下的二次曲线来量化隐含波动率的“微笑曲线”：

$$IV(\xi,t,T) = \alpha_0 + \alpha_1\xi + \alpha_2\xi^2 \tag{3-2}$$

其中 t 是当前时刻，T 是期权的到期日。在每个交易日，将具有相同到期日的期权合约的隐含波动率与在值程度做最优拟合，从而可以估计出 4 个不同期限合约所对应的二次曲线的三个系数 α_0、α_1 和 α_2。本章按照如下的目标函数进行交易量加权的均方误差（ $VWMSE$ ）最小化：

$$VWMSE = \frac{\sum_{\xi_i} Volume(\xi_i) \times [IV_{mkt}(\xi_i) - IV(\xi_i)]^2}{\sum_{\xi_i} Volume(\xi_i)} \tag{3-3}$$

由于仅使用一天的数据所给出的估计不具有代表性，为此本章将交易量最为活跃的剩余期限在 30 日以内的合约所估计出的系数取平均，从而得到整个样本期内的系数估计值、和。表 3-8 给出了仅使用看涨期权、仅使用看跌期权以及同时使用这两种合约估计的结果。

表 3-8　　二次曲线全样本系数估计值

系数	看涨期权	看跌期权	所有期权
α_0	2.479	6.048	6.366
α_1	-4.782	-11.756	-12.352
α_2	2.516	5.948	6.213

依据表 3-8 中系数的估计值，在图 3-4 中分别绘制了看涨、看跌以及所有期权合约的“微笑曲线”。可以很直观地发现，看跌期权的“微笑曲线”处于看涨期权的上方，说明看跌期权的隐含波动率要高于看涨

期权，价格相对更贵一些，说明在我国资本市场上进行做空的成本相对较高。使用所有期权合约绘制的“微笑曲线”具有一个对称的形态，而单独使用看涨或看跌期权合约绘制的“微笑曲线”呈现出右偏的形态。这些结论与表 3－7 的描述性统计结果相一致。此外，图 3－4 也蕴含着重要的经济直觉。隐含波动率可以看作是期权的相对价格，不同在值程度的期权合约（虚值、平值和实值）的隐含波动率存在差异，看涨和看跌期权的隐含波动率同样存在差异，那么不同合约之间隐含波动率之差，即隐含波动率价差，便反映了期权市场上存在的价格压力。如果期权市场的价格变动领先于现货市场，这种价格压力便会传导至现货市场，从而对标的资产收益率存在一定的预测能力。本书将在第 4 章对这方面的内容进行详细介绍。

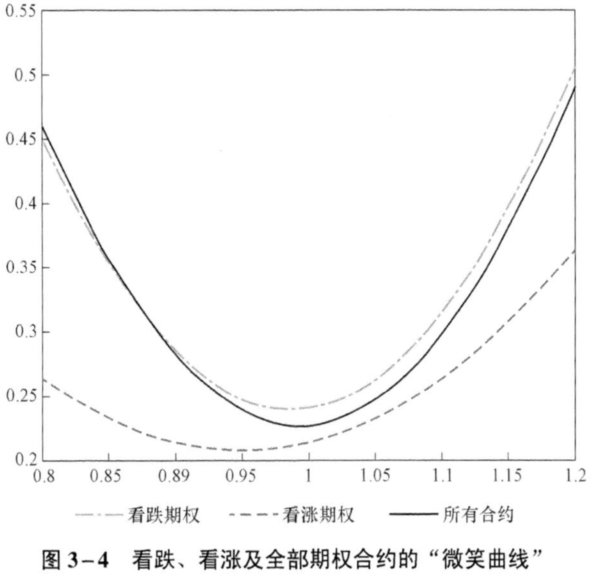

图 3－4 看跌、看涨及全部期权合约的“微笑曲线”

3.5 本章小结

本章首先简要地回顾了期权的历史渊源及在海外发达和新兴市场的

发展情况，然后对我国期权市场的发展概况进行了介绍。由于在市场微观结构、市场的广度和深度以及监管政策方面的不同，相对美国发达成熟的期权市场，我国期权市场存在自身的特点。目前，国际上对期权产品的相关研究主要针对美国的个股和指数期权，我国期权市场虽然起步较晚，但发展迅速并具有鲜明的特色。那么，国外研究已有的结论，是否在中国市场上同样成立？本书正是基于这样的目的，对我国期权市场进行研究，试图发现新的研究结论。本章内容更多的是对我国期权市场进行描述，从而为后续章节打好基础、做好铺垫，主要的结论和启示如下。

第一，上证 50ETF 期权是我国第一只场内期权，其标的资产是追踪我国规模最大且流动性极高的在上交所上市的 50 只股票。这 50 只股票主要集中于金融业和制造业。在此后的几年间，我国期权市场迎来了飞速发展，2019 年推出 2 只沪深 300ETF 和 1 只沪深 300 股指期权。同时，上证 50ETF 期权存在行权价格间距较大，对个人投资者的期权交易实行严格的权限管理以及个人投资者和机构投资者表现出不同的交易偏好等特点。从成交量的统计看，看涨期权的成交量要远远高于看跌期权，平值和虚值合约的交易要远远比实值合约活跃，剩余期限在 60 天以内的期权合约成交量的占比超 90%。

第二，我国市场具有明显的高波动特征。2015—2020 年，上证 50ETF 的隐含波动率的平均值是 24.13%，已实现波动率的平均值是 17.74%。同期，美国市场 S&P 500 指数的隐含波动率的平均值是 14.95%，已实现波动率的平均值是 9.44%。背后的原因在于我国股票市场投资散户化，缺乏机构投资者的力量支持，没有形成长期的价值投资理念。因此，通过建立一个新的波动率预测模型或者改进波动率的预测方法，从而提高波动率预测精度尤为重要。加强对波动率风险的管理，有助于增强投资组合的长期收益水平，同时也有助于提高风险管理水平。第 5 章将研究隐含波动率对提高已实现波动率预测精度的作用，第

6 章则是研究波动率择时在投资组合中的实际应用。

第三，上证 50ETF 期权的“微笑曲线”呈现出独具特色的对称或右偏形态，与美国市场个股和股指期权的左偏形态大不相同。看涨和看跌期权以及不同在值程度的期权合约的隐含波动率存在差异，即隐含波动率价差的存在，反映了期权市场上存在的价格压力。通常期权市场作为拥有信息优势的先行市场，其价格走势会对标的资产的价格走势产生影响。因此，上证 50ETF 期权的隐含波动率价差对标的资产收益率的预测能力是本书关心的另一个问题，在第 4 章中将进行讨论。

第 4 章　隐含波动率价差对隔夜和日内收益率的预测

4.1 引　言

上一章对我国期权市场的发展概况和特征进行了详细介绍。在各类衍生品中，期权具有独特的非线性损益结构，投资者只需付出确定的期权费，就可以规避市场价格不利变动带来的风险，同时不放弃市场价格有利变动带来收益的机会。作为一种使用灵活且种类繁多的风险管理工具，投资者可以根据自身对市场未来走势的预判，构建期权组合和策略满足其交易需求。2015 年是我国资本市场发展史上不寻常的一年，在这一年中，上交所推出了我国第一只场内交易的期权（上证 50ETF 期权），市场经历了前半年的暴涨和后半年的暴跌，以及由此导致的证监会为了维护市场稳定、抑制投机行为，对股指期货的交易采取了严厉的限制措施。在这样的背景下，上证 50ETF 期权一经推出便受到国内投资者的广泛关注，交易量、成交额和持仓量逐年稳步上升，为增强投资收益和对冲头寸风险发挥了不可替代的作用。

传统的金融学理论认为，在完全市场中，期权是一个冗余证券，可以由其他基础证券进行复制，因此期权价格中所蕴含的信息早已反映在基础证券中。当市场受到外界冲击时，在有效市场中，各类资产的价格会迅速消化相关的信息并进行相应的调整。然而，在实际的市场中，期权市场会蕴含着先行于现货市场的信息。相比直接在现货市场进行交易，期权市场存在以下优势：首先，期权合约具有杠杆属性，可以帮助投资者放大收益；其次，较低的交易成本，可以帮助投资者节省费用；

最后，对拥有负面消息的投资者来说，能够进行做空交易，而现货市场上的限制会更多。上述特点使得具有信息优势的投资者会优先考虑在期权市场进行交易，因此，期权价格中蕴含着能够反映投资者对标的资产未来收益、风险以及情绪的信息。如果现货市场的交易者没有及时获取这些信息，就会使得现货市场价格的调整要滞后于期权市场。Chakravarty et al.（2004）的研究证实了期权市场在现货市场的“价格发现”中起到重要作用。因此，期权市场中蕴含着丰富的信息，能够有助于对现货市场收益率的预测。

在第 2 章的文献综述中，本书已经介绍了各类从期权数据中构造的能够对标的资产收益率起到预测能力的变量指标，本章关注的是隐含波动率价差。Bali and Hovakimian（2009）和 Cremers and Weinbaum（2010）使用平值附近的看涨期权和看跌期权构建的隐含波动率价差对股票未来的收益率具有正向预测能力。Xing et al.（2010）更加关心虚值看跌期权中所含有的与市场下跌相关的信息，利用虚值看跌期权和平值看涨期权所构建的隐含波动率价差刻画了“微笑曲线”的倾斜程度，实证结果表明该价差指标越高时股票未来的收益率越低。进一步，Doran and Krieger（2010）和 Baltussen et al.（2012）使用不同部位的期权合约构建了更多的价差指标，并检验了这些不同的价差指标在信息含量上的差异。上述文献都是在横截面维度上研究了对个股收益率的预测问题，而 Han and Li（2020）关注的则是市场层面。他们将个股隐含波动率价差的平均值作为市场整体层面的价差水平，发现无论是使用日频、周频还是月频数据，市场整体层面的价差指标均可以在样本内和样本外对市场收益率具有显著的预测能力。以上研究均表明期权市场上存在知情交易行为。

目前，对隐含波动率价差的研究主要集中于美国市场，鲜有文献对我国上证 50ETF 期权进行研究。上一章的内容表明上证 50ETF 的看涨和看跌期权的隐含波动率存在显著的差异，说明我国期权市场同样存在着价格压力。初步的实证结果并没有发现隐含波动率价差对上证 50ETF 的收益率具有显著的预测作用。这是否意味着我国期权市场的效率不高而且不具有前瞻性信息，或者这种现象是否由于我国独特的市场结构所致？相比美国市场，我国市场存在以下两个特点：第一点表现在“微笑曲线”的形态上。正如上一章内容所示，不同于美国市场所呈现的左偏形态，上证 50ETF 期权的“微笑曲线”具有明显的对称，甚至有些右偏的形态。第二点表现在隔夜和日内收益率上。与美国市场截然相反，我国市场在开盘前 10 分钟的集合竞价可以使得投资者充分消化隔夜信息并形成开盘价，参与集合竞价的投资者具有更多的信息优势；而在日内时段，中国市场上 80%的成交额都是由个人投资者贡献的，日内收益率的形成更多地受到散户的影响。具有异质信念的两类投资者交易行为的不同，使得隔夜和日内收益率具有与美国市场完全不同的性质和特征。

基于此，为了揭示上证 50ETF 期权的隐含波动率价差对日度收益率不具有预测能力的原因，本章将日度收益率进一步分解为隔夜和日内两个部分，考虑到“微笑曲线”所呈现的对称形态，本章使用不同类型的看涨和看跌期权，构建三种不同的价差指标，分别刻画“微笑曲线”在平值、左侧和右侧的价差水平，探究隐含波动率价差对这两部分收益率的预测能力是否存在不同。具体地，在控制其他变量的前提下，使用日频和周频的向前 1 期和多期预测给出本章的基本结果。进一步，使用马尔可夫区制转移回归将市场状态划分为高和低两种波动状态，探究隐含波动率价差的预测能力是否随市场状态而变。为了探究期权市场对现货市场的信息溢出在隔夜和日内时段是否存在不同，从而给出内在机制说明，本章构建了二元 GARCH 模型。此外，本章还设计了样本外和稳健性检验。

本章的创新之处在于：首先，在理论层面上借助看跌—看涨期权平价公式和 B－S－M 定价公式阐述了隐含波动率价差存在的原因及其与隐含标的资产价格之间的关系。其次，从隔夜和日内的角度出发，探究了上证 50ETF 期权的隐含波动率价差对收益率的预测能力。三个价差指标的研究结论均表明隐含波动率价差对隔夜和日内收益率的预测均显著但方向相反，其中对隔夜收益率的预测方向与理论预期相一致，隔夜和日内的“拉锯”现象使得隐含波动率价差对日度收益率不具有预测能力。最后，本章从信息溢出的角度给出了现象背后的内在机制说明。研究发现，我国期权市场对现货市场的信息溢出效应在隔夜时段显著，而在日内时段不显著，这是现象背后更深层次的原因所在。

本章的安排如下，第 2 节是理论机制与研究假设，第 3 节介绍数据和变量，第 4 节是实证分析，第 5 节是稳健性检验，在最后一节给出本章的结论。

4.2 理论机制与研究假设

从理论上讲，看跌—看涨期权平价公式的成立意味着对于执行价格和到期期限相同的欧式看涨和看跌期权，由 B－S－M 公式反解的隐含波动率是相等的。但在实际的市场中，事实并非如此。预期未来标的资产价格上涨的知情交易者会偏好购买看涨期权或者卖出看跌期权，导致看涨期权的价格相对更贵一些；预期未来标的资产价格下跌的知情交易者会偏好购买看跌期权或者卖出看涨期权，导致看跌期权的价格相对更贵一些。实际的期权价格相对平价公式的偏离，导致看涨和看跌期权的隐含波动率并不相等，两者之差称为隐含波动率价差。基于平价公式的理论，本章在下一小节中给出理论上的解释。

4.2.1 隐含波动率价差与平价公式的偏离

由于上证 50ETF 期权具有红利保护的特征，因此，可以被看作是标的资产不支付红利的期权。当市场不存在套利机会时，标的资产无红利支付的期权平价公式如下所示：

$$c_t^{mkt} - p_t^{mkt} = S_t - Ke^{-r(T-t)} \tag{4-1}$$

其中，c_t^{mkt} 是当前 t 时刻看涨期权的市场价格，p_t^{mkt} 是 t 时刻看跌期权的市场价格，S_t 是标的资产的价格，K 是执行价格，r 是无风险利率，T 是期权的到期日。由于看跌—看涨期权平价公式的成立不依赖于任何模型假定，B－S－M 给出的看跌和看涨期权的模型价格天然满足下式：

$$c_t^{bsm}(\sigma)-p_t^{bsm}(\sigma)=S_t-Ke^{-r(T-t)} \tag{4-2}$$

其中，σ 是 B－S－M 模型中唯一的未知量波动率水平。由式（4－1）和式（4－2），可知下式成立：

$$c_t^{mkt}-p_t^{mkt}=c_t^{bsm}(\sigma)-p_t^{bsm}(\sigma) \tag{4-3}$$

根据隐含波动率的定义，可知：

$$c_t^{bsm}\left(\sigma_{imp}^{call}\right)=c_t^{mkt} \tag{4-4}$$

$$p_t^{bsm}\left(\sigma_{imp}^{put}\right)=p_t^{mkt} \tag{4-5}$$

将 σ_{imp}^{call} 代入式（4－3）中的 σ，结合式（4－5），可得：

$$p_t^{bsm}\left(\sigma_{imp}^{call}\right)=p_t^{mkt}=p_t^{bsm}\left(\sigma_{imp}^{put}\right) \tag{4-6}$$

在 B－S－M 模型下，模型价格与波动率的偏导数，即希腊字母 Vega 恒大于 0，因此 B－S－M 模型价格是关于波动率的增函数，可得以下重要结论：

$$\sigma_{imp}^{call}=\sigma_{imp}^{put} \tag{4-7}$$

而在现实市场中的有限套利、卖空约束、非同步性交易以及交易成本的存在，使得看跌—看涨期权平价公式并不能严格成立。若 c_t^{mkt} 向上偏离或者 p_t^{mkt} 向下偏离，则：

$$c_t^{mkt}-p_t^{mkt}>S_t-Ke^{-r(T-t)}=c_t^{bsm}(\sigma)-p_t^{bsm}(\sigma)\sigma_{imp}^{call}>\sigma_{imp}^{put} \tag{4-8}$$

若 c_t^{mkt} 向下偏离或者 p_t^{mkt} 向上偏离，则：

$$c_t^{mkt}-p_t^{mkt}<S_t-Ke^{-r(T-t)}=c_t^{bsm}(\sigma)-p_t^{bsm}(\sigma)\sigma_{imp}^{call}<\sigma_{imp}^{put} \tag{4-9}$$

式（4－8）和式（4－9）的经济含义如下：若看涨期权的市场价格相对看跌期权更贵些，且已经偏离了平价公式所代表的均衡水平，反映在隐含波动率上，即看涨期权的隐含波动率要高于看跌期权；反之，若看跌期权的市场价格相对看涨期权更贵些，且已经偏离了平价公式所代表的均衡水平，反映在隐含波动率上，即看跌期权的隐含波动率要高于看涨期权。隐含波动率的高低能够反映期权价格的高低，可以看作是期权的相对价格，这也是在实际的期权交易中，交易员对期权报出隐含波动率而不是绝对价格的原因。

4.2.2 隐含波动率价差的定义

实证研究表明，"微笑曲线"的不同部位包含着对收益率预测的不同信息。与隐含波动率相比，隐含波动率价差能够更好地反映期权市场中的投资者对标的资产未来上涨或下跌的力量对比，能够反映期权市场的价格压力，因此对收益率的预测能力要强于隐含波动率。Bali and Hovakimian（2009），Cremers and Weinbaum（2010），Xing et al.（2010）以及 Doran and Krieger（2010）使用不同部位的隐含波动率，构建出不同的价差指标。本章在综合上述文献的基础上并结合中国市场"微笑曲线"所呈现的对称甚至有些右偏的形态特征，定义如下三种价差指标。

第一种价差是基于看跌—看涨平价公式的原理构建的。正如上一节所示，对于执行价格和剩余期限相同的看涨和看跌期权，在实际市场中两者隐含波动率之差并不严格为 0，于是本章参考 Bali and Hovakimian（2009）的方法，定义如下的价差 $CPIV$：

$$CPIV = IV_{ATM,Call} - IV_{ATM,Put} \qquad (4-10)$$

其中 $IV_{ATM,Call}$ 是平值看涨期权的隐含波动率，$IV_{ATM,Put}$ 是平值看跌期权的隐含波动率。对于预期未来标的资产价格上涨的投资者，他们可以选择购买看涨期权或者卖出看跌期权，从而使得 $CPIV$ 为正；对于预期未来标的资产价格下跌的投资者，他们可以选择购买看跌期权或者卖出看涨期权，从而使得 $CPIV$ 为负，因此 $CPIV$ 与标的资产未来的收益率呈现正相关关系。

第二种价差反映了"微笑曲线"的左侧倾斜程度。在市场下跌时，尤其是危机时期，虚值看跌期权的交易会变得异常活跃，Xing et al.（2010）基于此原理构建了如下的价差指标：

$$IVSkew1 = IV_{OTM,Put} - IV_{ATM,Call} \tag{4-11}$$

其中 $IV_{OTM,Put}$ 是虚值看跌期权的隐含波动率。预期未来市场下跌的投资者会买入虚值看跌期权，从而导致 *IVSkew1* 增加，因此 *IVSkew1* 与未来收益率之间呈现负相关关系。从这里也可以看出，当微笑曲线变得更加陡峭向左偏斜时，往往意味着后市看跌。

第三种价差反映了“微笑曲线”的右侧倾斜程度。第 3 章的内容表明，不同于美国市场的个股和指数期权的“微笑曲线”呈现出明显的左偏形态，上证 50ETF 期权的“微笑曲线”具有对称，甚至有些右偏的形态特征。按照第二种价差指标的构建逻辑，预期未来市场上涨时，由于期权自身的杠杆属性和较低的交易费用，虚值看涨期权的交易会变得更加活跃。基于此原理，本章构建了如下的价差指标：

$$IVSkew2 = IV_{OTM,Put} - IV_{ATM,Call} \tag{4-12}$$

其中 $IV_{ATM,Call}$ 是虚值看涨期权的隐含波动率。预期未来市场上涨的投资者会买入虚值看涨期权，从而导致 *IVSkew2* 增加，因此 *IVSkew2* 与未来收益率之间呈现正相关关系。从这里也可以看出，当微笑曲线变得更加陡峭向右偏斜时，往往意味着后市看涨。

以上三种隐含波动率价差的定义均使用平值或虚值合约进行构建。正如上一章内容所示，无论是看涨还是看跌期权，平值和虚值合约的交易量占比超过 90%，信息含量要远远比实值合约丰富。

4.2.3　隐含波动率价差与隐含价格

期权隐含波动率价差的存在最终可以反映在价格层面上，即期权隐含标的资产的价格与实际交易价格的差异。本节利用平价公式的知识，给出两者之间理论上的证明。首先，使用平价公式可以反解出标的资产的隐含价格 S_t^{fun}：

$$S_t^{fun} = c_t^{mkt} - p_t^{mkt} + Ke^{-r(T-t)} \tag{4-13}$$

将标的资产的实际交易价格 S_t^{tra} 与隐含价格 S_t^{fun} 的偏离记为：

$$DOTS_t = \frac{S_t^{fun} - S_t^{tra}}{S_t^{tra}} \tag{4-14}$$

在市场不存在套利机会时，由看涨期权的市场价格 c_t^{mkt} 和看跌期权的市场价格 p_t^{mkt} 反解出的隐含价格 S_t^{fun}，可以看作是市场均衡状态下的价格，将此状态下标的资产的波动率记为 σ^{true}，由此可得以下两式：

$$c^{mkt} = BSM_{call}(S^{fun}, \sigma^{true}, r, \tau, K) \tag{4-15}$$

$$p^{mkt} = BSM_{put}(S^{fun}, \sigma^{true}, r, \tau, K) \tag{4-16}$$

S^{tra} 相对 S^{fun} 的偏离会导致 σ_{imp}^{call} 和 σ_{imp}^{put} 相对 σ^{true} 的偏离，因此（S^{fun}，σ^{true}）是市场均衡状态点，而（S^{tra}，σ_{imp}^{call}）和（S^{tra}，σ_{imp}^{put}）分别是看涨期权和看跌期权对应的市场实际状态点。因此，以下两式成立：

$$c^{mkt} = BSM_{call}(S^{tra}, \sigma_{imp}^{call}, r, \tau, K) \tag{4-17}$$

$$p^{mkt} = BSM_{put}(S^{tra}, \sigma_{imp}^{put}, r, \tau, K) \tag{4-18}$$

当市场实际状态处于均衡状态时，即 $S^{tra} = S^{fun}$，以下结论成立：

$$\sigma_{imp}^{call} = \sigma^{true} = \sigma_{imp}^{put} \tag{4-19}$$

当市场不处于均衡状态时，借助下式可知 σ_{imp}^{call} 和 S^{tra}、σ_{imp}^{put} 和 S^{tra} 之间的函数关系最终可确定为 σ_{imp}^{call} 和 $DOTS$、σ_{imp}^{put} 和 $DOTS$ 之间的函数关系：

$$S^{tra} = \frac{S^{fun}}{1 + DOTS} \tag{4-20}$$

$$\sigma_{imp}^{call} = \sigma^{call}(DOTS) \tag{4-21}$$

$$\sigma_{imp}^{put} = \sigma^{put}(DOTS) \tag{4-22}$$

在式（4－17）和式（4－18）的两端同时对 $DOTS$ 求偏导数，注意 S^{tra}、σ_{imp}^{call} 和 σ_{imp}^{put} 均是 $DOTS$ 的函数，而 c^{mkt} 和 p^{mkt} 看作是固定的常数，借助 B－S－M 模型的希腊字母，方便求得：

$$\frac{\partial \sigma_{imp}^{call}}{\partial DOTS}=\frac{N(d_1)}{(1+DOTS)N'(d_1)\sqrt{T-t}}>0 \tag{4-23}$$

$$\frac{\partial \sigma_{imp}^{put}}{\partial DOTS}=\frac{N(d_1)-1}{(1+DOTS)N'(d_1)\sqrt{T-t}}<0 \tag{4-24}$$

根据式（4-10）隐含波动率价差指标的定义，下式成立：

$$\frac{\partial CPIV}{\partial DOTS}=\frac{\partial \sigma_{imp}^{call}}{\partial DOTS}-\frac{\partial \sigma_{imp}^{put}}{\partial DOTS}>0 \tag{4-25}$$

至此，借助看跌—看涨平价公式和 B-S-M 定价公式，本章从理论上证明了 *CPIV* 和 *DOTS* 之间具有正相关关系。*CPIV* 从隐含波动率的角度反映了期权市场的实际状态对均衡状态的偏离，而 *DOTS* 则是从现货价格的角度进行反映，因此，这两个指标分别描述了两个市场的非均衡状态。若期权市场是有效率的，那么隐含波动率价差的存在最终会引起现货市场价格 S_t^{tra} 的调整，信息便从期权市场传递到现货市场。

4.2.4　我国股票市场的隔夜和日内收益率的特征

股票市场的隔夜和日内收益率表现出不同的统计特性，这主要是由于市场中具有不同信念的两类投资者的交易行为的差异所致，Lou et al.（2019）最早对此现象进行研究并给出机制解释。在美国市场中，隔夜收益率和日内收益率具有显著的负相关关系，一个正的隔夜收益率往往伴随着一个负的日内收益率，两者之间存在着“拔河”的现象。背后的原因在于，在开盘时，更多的是不具有信息优势的噪声交易者在进行买卖；而在日内交易时段，更多的是具有信息优势的机构投资者在做交易。两类投资者的异质信念是造成上述现象的原因。

与美国市场相比，中国市场又表现出截然不同的特征。开盘前 10 分钟的集合竞价可以使得投资者充分消化隔夜信息并形成开盘价。Gao et al.（2019）的研究表明，集合竞价的投资者具有更多的信息优势。而在日内时段，中国市场上 80%的成交额都是由个人投资者贡献的，日内收益率的形成更多地会受到散户的影响。因此，中国市场的隔夜收益率和日内收益率在投资者异质信念的表达上与美国市场存在差异。

4.2.5 本章研究假设

根据上述小节的理论分析，可知期权市场上隐含波动率价差的存在，实质即为期权市场上价格压力的反映。若期权市场是存在信息优势的，根据知情交易和价格压力理论，信息会向现货市场传递，从而影响标的资产价格的走势。但是，中国市场上隔夜和日内收益率存在不同的形成机制，因此，隐含波动率价差最终对隔夜和日内收益率的影响存在差异。为此，本章提出如下研究假设。

假设 1：由于参与集合竞价的投资者具有更多的信息优势并能够充分消化隔夜信息，因此，本章提出的三种隐含波动率价差对隔夜收益率的影响方向会符合 4.2.2 节的分析；由于日内收益率更多地会受到散户的影响，与隔夜收益率表现出相反的特征，因此，隐含波动率价差对日内收益率不存在预测能力或表现出与 4.2.2 节相反的符号。

假设 2：随着预测窗口的增加，隐含波动率价差对隔夜收益率和日内收益率的影响大小和显著性程度会逐渐下降。

假设 3：以往的研究表明，金融市场普遍存在非对称的现象，即在市场上涨和下跌阶段，经济现象会存在不同的表现特征。在市场下跌时，波动率的水平会比较高，未来的不确定性增加使得风险厌恶的投资者会通过期权市场给持有的资产头寸购买保险，此时，期权市场的信息含量比较高。因此，在市场下跌阶段，隐含波动率价差对隔夜收益率的影响大小和显著性程度会更强。

假设 4：现货和期权市场是一个有机的整体，两者间存在着信息传递。一方面，现货价格为期权定价提供了价格基准；另一方面，期权市场的价格压力会传递到现货市场。具体的渠道主要反映在收益率的一二阶矩上，可通过构建二元 GARCH 模型进行检验。因此，在隔夜和日内时段，现货和期权市场间的信息溢出会存在不同。假设 4 可以对本章的研究提供内在的机制解释。

4.3　数据和变量

本章实证的数据主要分为两部分，一部分是来自市场的时序数据，包括标的资产上证 50ETF 的开盘价和收盘价以及无风险利率。其中，本章使用 1 天的中国银行间同业拆借利率（CHIBOR）作为无风险利率。另一部分是上证 50ETF 期权的面板数据，包括期权的剩余期限、执行价格、收盘价、成交量和持仓量等。数据区间是 2015 年 2 月 9 日至 2020 年 12 月 31 日。以上数据均可从 Wind 金融终端进行下载。

本章对期权数据进行如下清洗：

（1）期权合约的成交量和持仓量均为正，从而将成交量和持仓量为 0 的合约删除，原因在于这样的合约并不能带来有用的交易信息。

（2）期权合约的剩余期限介于 10～90 天，根据第 3 章表 3－4 的统计结果可知，剩余期限介于此区间的期权合约占据 90%以上的成交量，是交易最为活跃的部分。而 10 天以内的期权合约，由于临近到期日，面临交割行权，价格往往变动剧烈，为了避免不利的影响，将这部分合约删除。90 天以上的期权合约交易不活跃，也予以删除。

（3）期权的隐含波动率要介于 3%～200%之间，此举是将隐含波动率的异常值删除，与 Xing et al.（2010）的做法相一致。

（4）参考 Yue et al.（2021）对上证 50ETF 期权的清洗方法，期权价格要大于 0.000 2 元。

（5）期权的价格要介于上下界之间，当期权价格违反上下界时，此时无法反解出隐含波动率：

$$\max(0, S(t) - Ke^{-r(T-t)}) \leqslant C(t) \leqslant S(t) \tag{4-26}$$

$$\max(0, Ke^{-r(T-t)} - S(t)) \leqslant P(t) \leqslant Ke^{-r(T-t)} \tag{4-27}$$

本章的因变量是上证 50ETF 的隔夜和日内收益率，计算方法如下所示：

$$r_{co,t}=\ln\frac{P_t^{open}}{P_{t-1}^{close}} \quad (4-28)$$

$$r_{oc,t}=\ln\frac{P_t^{close}}{P_t^{open}} \quad (4-29)$$

其中，P_t^{open}是上证 50ETF 在第 t 日的开盘价，P^{close}是第 t 日的收盘价，$r_{oc,t}$是隔夜收益率，$r_{oc,t}$是日内收益率。

隐含波动率价差是本章的关键自变量，其定义方式已在 4.2.2 节中进行介绍。为了控制在值程度（K/S_t）和剩余期限对隐含波动率的影响，本章对波动率曲面进行二次线性插值。平值看跌和看涨期权的在值程度固定为 1，虚值看跌和虚值看涨期权的在值程度分别固定在 0.95 和 1.05，所有合约的剩余期限均固定在 30 天。

本章的控制变量包括：

（1）换手率（*Turnover*）：上证 50ETF 的日交易量与流通在外股数之比（单位：%），反映了上证 50ETF 在一定时间内转手交易的频率。

（2）融券比率（*Short*）：上证 50ETF 的日融券卖出量与日交易量之比。

（3）非流动性（*Illiq*）：参考 Amihud（2002）的方法进行构建，是日收益率的绝对值与日交易量的比值。

（4）动量（*Cumret*）：上证 50ETF 在过去 3 个月的累积收益率。

（5）波动率（*Vol_P*）：上证 50ETF 在过去 3 个月的日收益率的标准差。

（6）偏度（*Skew_P*）：上证 50ETF 在过去 3 个月的日收益率的偏度。

（7）看跌与看涨期权的交易量比值（*PCRVol*）：该指标从交易量的角度反映了看跌与看涨期权的活跃程度，是期权市场常用的投资者情绪指标之一。

（8）看跌与看涨期权的持仓量比值（*PCROI*）：该指标从持仓量的角度反映了看跌与看涨期权的活跃程度，是期权市场常用的投资者情绪指标之一。

前 3 个控制变量是上证 50ETF 交易量层面的指标，第 4 至 6 个控制变量是上证 50ETF 价格层面的指标，最后两个是期权市场相关的指标。表 4－1 给出了本章因变量和自变量的描述性统计，可知隔夜收益率 r_{co} 的平均值为－0.043%，取值为负与我国股票市场的“T＋1”交易制度有关（张兵，2020），日内收益率 r_{co} 的平均值为 0.081%，两者符号相反且相关系数为－0.024，说明上证 50ETF 的隔夜和日内的收益率具有相反的运动特征。*CPIV* 和 *IVSkew2* 这两个价差指标的均值为负，而 *IVSkew1* 的均值为正，与第 3 章的图 3－4 所量化的 IV 曲线相一致。

表 4－1　　因变量和自变量的描述性统计

变量	观测数	均值	标准差	最小值	中位数	最大值
r_{co}（%）	1437	－0.043	0.741	－8.190	0	9.535
r_{co}（%）	1437	0.081	1.343	－8.711	0.045	9.893
CPIV	1437	－0.029	0.068	－0.919	－0.017	0.251
IVSkew1	1437	0.032	0.063	－0.210	0.023	0.846
IVSkew2	1437	－0.015	0.063	－0.842	－0.003	0.246
Turnover	1437	0.044	0.049	0.006	0.032	0.697
Short	1437	0.032	0.035	0	0.022	0.264
Illiq	1437	0.197	0.257	0	0.151	6.990
Cumret	1437	0.038	0.145	－0.524	0.049	0.527
Vol_P	1437	0.014	0.007	0.005	0.013	0.035
Skew_P	1437	－0.090	0.830	－3.597	－0.148	1.429
PCRVol	1437	0.865	0.190	0.391	0.845	3.009
PCROI	1437	0.887	0.239	0.375	0.832	2.368

4.4 实证分析

在本节中，首先检验隐含波动率价差对隔夜和日内收益率的向前一期的预测能力，然后通过向前多期检验确定其预测能力的持久性。进一步，通过构建马尔可夫区制转移回归探究在市场高波动和低波动两种状态下隐含波动率价差的预测能力有何不同。接着给出样本外的检验结果。最后，通过构建二元 GARCH 模型探究现货和期权市场间的信息溢出效应，从而给出机制上的解释。

4.4.1 向前一期预测

本章的基准模型如下所示：

$$r_{t+1} = a + b\,IVS_t + c\,Controls_t + \varepsilon_{t+1} \tag{4-30}$$

其中，r_{t+1}分别是隔夜收益率 co_{t+1} 和日内收益率 co_{t+1}；IVS_t 是 4.2.2 节中定义的 3 种隐含波动率价差；$Controls_t$ 是 4.3 节中介绍的控制变量。从已有探究期权隐含信息对收益率预测的文献看，Han 和 Li（2020）分别使用日频、周频和月频的数据进行研究；Xing et al.（2010）和 Chordia et al.（2020）使用周频的数据进行研究。为此，除了使用日频的数据进行回归外，本章还使用周频的数据以确保结果的稳健性。受本章数据区间长度的限制，并未使用月频的数据进行检验。日频数据在周内取平均值即可得到周频数据，同时可以消除日频数据中噪声的不利影响。为了控制时间序列中存在的序列相关和异方差，本章在解释变量中增加被解释变量的滞后项，并使用 Newey－West 稳健标准误，其中日频回归的滞后阶取 6，周频的滞后阶取 4。

表 4－2 给出了使用日度数据的向前一期预测的结果，可得以下结论：三个隐含波动率价差 *CPIV*、*IVSkew1* 和 *IVSkew2* 对隔夜收益率具有显著的影响力，且具有和 4.2.2 节理论分析相一致的影响方向，但对日内收益率预测的显著性要更低且与隔夜收益率具有相反的影响方向。这

也解释了隐含波动率价差对日度收益率没有显著预测能力的原因。从 Adj_R2 可以看出隐含波动率价差对隔夜收益率的拟合能力要优于日内收益率。

表 4-2　　　　向前一期预测（日度）

	(1)	(2)	(3)	(4)	(5)	(6)
	$r_{co,t+1}$	$r_{oc,t+1}$	$r_{co,t+1}$	$r_{oc,t+1}$	$r_{co,t+1}$	$r_{oc,t+1}$
$CPIV_t$	0.025***	-0.021*				
	(3.419)	(-1.672)				
$IVSkew1_t$			-0.026***	0.029*		
			(-3.285)	(1.932)		
$IVSkew2_t$					0.027***	-0.023*
					(3.354)	(-1.686)
$Turnover_t$	-0.006	0.014	-0.005	0.015	-0.006	0.014
	(-0.490)	(0.801)	(-0.452)	(0.837)	(-0.476)	(0.792)
$Short_t$	0.017**	0.044***	0.018**	0.043***	0.019***	0.042***
	(2.327)	(3.281)	(2.464)	(3.201)	(2.633)	(3.132)
$Illiq_t$	0.003***	0.000	0.003***	-0.000	0.002**	0.000
	(2.712)	(0.106)	(2.636)	(-0.002)	(2.538)	(0.227)
$Cumret_t$	-0.001	-0.010**	-0.001	-0.009*	-0.001	-0.010**
	(-0.221)	(-2.240)	(-0.367)	(-1.961)	(-0.442)	(-2.100)
Vol_P_t	0.084*	-0.143	0.063	-0.148*	0.088*	-0.148
	(1.773)	(-1.634)	(1.424)	(-1.669)	(1.769)	(-1.617)
$Skew\_P_t$	0.000	0.001	0.000	0.001	0.000	0.001
	(0.968)	(1.326)	(0.722)	(1.416)	(0.856)	(1.377)
$PCRVol_t$	0.001	-0.001	0.001	-0.001	0.001	-0.001

续表

	(1)	(2)	(3)	(4)	(5)	(6)
	(1.069)	(−0.336)	(1.103)	(−0.456)	(0.947)	(−0.290)
$PCROI_t$	0.001	0.002	0.001	0.002	0.001	0.002
	(0.898)	(1.396)	(0.826)	(1.274)	(0.863)	(1.390)
co_t	0.016		0.014		0.013	
	(0.291)		(0.249)		(0.224)	
oc_t		−0.008		−0.010		−0.008
		(−0.177)		(−0.219)		(−0.181)
$cons$	-0.003^{***}	−0.001	-0.003^{**}	−0.001	-0.004^{***}	−0.001
	(−2.616)	(−0.324)	(−2.436)	(−0.244)	(−2.680)	(−0.211)
Adj_R^2	0.045	0.014	0.044	0.018	0.043	0.013
N	1 436	1 436	1 436	1 436	1 436	1 436

注：括号中给出的是经过 Newey – West 调整的 t 统计量。
（* $p<0.1$，** $p<0.05$，*** $p<0.01$）。

表 4 – 3 给出了使用周度数据的向前一期预测的结果。总体结论与日度数据的结果相一致，但表现出如下的特点：使用频率更低的周度数据，回归系数的绝对值要更小，但同时由于周度数据消除了日度数据的噪声，回归系数的显著性更强，模型对数据的拟合能力更高。总之，日度和周度数据的回归结果验证了假设 1。

表 4 – 3　　向前一期预测（周度）

	(1)	(2)	(3)	(4)	(5)	(6)
	$r_{co,t+1}$	$r_{oc,t+1}$	$r_{co,t+1}$	$r_{oc,t+1}$	$r_{co,t+1}$	$r_{oc,t+1}$
$CPIV_t$	0.016^{***}	-0.019^{**}				
	(4.687)	(−2.270)				
$IVSkew1_t$			-0.017^{***}	0.020^{**}		

续表

	(1)	(2)	(3)	(4)	(5)	(6)
			(−4.660)	(2.365)		
$IVSkew2_t$					0.018***	−0.020**
					(4.676)	(−2.372)
$Turnover_t$	−0.019***	0.023	−0.019***	0.023	−0.019***	0.023
	(−2.820)	(0.888)	(−2.771)	(0.882)	(−2.762)	(0.879)
$Short_t$	0.017*	0.043**	0.017**	0.042**	0.019**	0.041**
	(1.939)	(2.171)	(2.016)	(2.148)	(2.178)	(2.070)
$Illiq_t$	−0.001	−0.003	−0.001	−0.003	−0.002*	−0.003
	(−1.259)	(−1.027)	(−1.400)	(−0.992)	(−1.658)	(−0.880)
$Cumret_t$	0.003	−0.013*	0.003	−0.013*	0.003	−0.012*
	(1.307)	(−1.833)	(1.173)	(−1.757)	(1.023)	(−1.689)
Vol_P_t	0.086***	−0.170*	0.074**	−0.159*	0.091***	−0.173**
	(2.940)	(−1.947)	(2.494)	(−1.810)	(2.867)	(−1.985)
$Skew\_P_t$	0.000	0.001	0.000	0.001	0.000	0.001
	(0.266)	(1.240)	(0.162)	(1.326)	(0.230)	(1.278)
$PCRVol_t$	0.001	−0.000	0.001	−0.000	0.001	0.000
	(1.201)	(−0.021)	(1.402)	(−0.115)	(0.946)	(0.078)
$PCROI_t$	−0.000	0.002	−0.000	0.002	−0.000	0.002
	(−0.270)	(1.260)	(−0.287)	(1.285)	(−0.287)	(1.286)
co_t	−0.026		−0.025		−0.030	
	(−0.361)		(−0.344)		(−0.415)	

续表

	(1)	(2)	(3)	(4)	(5)	(6)
oc_t		-0.133^{**}		-0.135^{**}		-0.132^{**}
		(−2.326)		(−2.394)		(−2.286)
cons	-0.007^{*}	0.001	-0.007^{*}	0.000	-0.007^{*}	0.001
	(−1.921)	(0.108)	(−1.797)	(0.045)	(−1.967)	(0.132)
Adj_R2	0.150	0.042	0.151	0.044	0.152	0.041
N	301	301	301	301	301	301

注：括号中给出的是经过 Newey－West 调整的 t 统计量。
（* $p<0.1$，** $p<0.05$，*** $p<0.01$）。

4.4.2 向前多期预测

为了检验隐含波动率价差预测能力的持续期数，本章通过构建如下的向前多期预测模型进行检验：

$$r_{[t+1,\,t+K]} = a + b\,IVS_t + c\,Controls_t + \varepsilon_{[t+1,t+K]} \qquad (4-31)$$

其中，$r_{[t+1,\,t+K]}$ 分别是第 $t+1$ 期至第 $t+K$ 期隔夜收益率和日内收益率的平均值，其他设定则与式（4－30）保持一致。

表 4－4 给出了日度数据的向前多期预测结果，为了便于展示，仅汇报关键变量隐含波动率价差的系数大小、t 统计量及显著性，其他的控制变量不再汇报。三个隐含波动率价差对隔夜收益率的预测方向与理论分析相一致，但随着预测窗口的增加，系数绝对值的大小和显著性不断下降，在 5 期预测时已经不再具有显著性；对日内收益率的预测仍表现出反转现象，但这种反转现象只存在于 2 期之中，在 3 期及以上时，不再具有显著性。

表 4-4　向前多期预测（日度）

	K	2	3	4	5
CPIV	co_{t+k}	0.016***	0.012**	0.012**	0.009
		(3.31)	(2.23)	(2.37)	(1.53)
CPIV	oc_{t+k}	-0.020**	-0.007	-0.009	-0.002
		(-2.11)	(-0.60)	(-0.76)	(-0.21)
IVSkew1	co_{t+k}	-0.017***	-0.012**	-0.013**	-0.009
		(-2.97)	(-2.13)	(-2.36)	(-1.34)
	oc_{t+k}	0.024**	0.008	0.008	0.002
		(2.31)	(0.70)	(0.68)	(0.22)
IVSkew2	co_{t+k}	0.017***	0.013**	0.013**	0.011
		(3.11)	(2.36)	(2.18)	(1.57)
	oc_{t+k}	-0.024**	-0.009	-0.008	-0.003
		(-2.24)	(-0.77)	(-0.67)	(-0.30)

注：括号中给出的是经过 Newey-West 调整的 t 统计量。
（* $p<0.1$，** $p<0.05$，*** $p<0.01$）。

表 4-5 给出了周度数据的向前多期预测结果，结果显示三个隐含波动率价差对隔夜收益率的预测能力仅存在于 2 周之内，对日内收益率的反转现象也同样仅存在于 2 周之内。日度和周度的向前多期预测结果表明随着预测窗口的增加，隐含波动率价差对隔夜收益率和日内收益率的影响大小和显著性程度会逐渐下降，由此验证了假设 2 的正确性。

表 4-5　向前多期预测（周度）

	K	2	3	4
CPIV	co_{t+k}	0.008**	0.001	0.001
		(2.13)	(0.24)	(0.22)
	oc_{t+k}	-0.019***	0.000 4	-0.001
		(-2.75)	(0.05)	(-0.21)

续表

	K	2	3	4
IVSkew1	co_{t+k}	−0.006*	0.000 4	−0.000 03
		(−1.77)	(0.11)	(−0.01)
	oc_{t+k}	0.020***	−0.002	0.004
		(2.63)	(−0.30)	(0.49)
IVSkew2	co_{t+k}	0.007*	−0.000 7	0.000 3
		(1.78)	(−0.16)	(0.07)
	oc_{t+k}	−0.022***	−0.000 3	−0.003
		(−2.61)	(−0.04)	(−0.38)

注：括号中给出的是经过 Newey－West 调整的 t 统计量。
（* $p<0.1$，** $p<0.05$，*** $p<0.01$）。

4.4.3 市场状态的划分：高波动和低波动水平

由于受 2015 年“股灾”、2018 年美国挑起的中美贸易摩擦以及 2020 年新冠疫情的影响，在此期间，我国股票市场的波动率处于相对较高的水平，而在其他时期，波动率则处于相对较低的水平，市场在整个样本期内经历了不同的状态。Kyle（1985）提出的标准信息交易模型表明，在市场不确定性增加时，信息含量也更丰富。一些实证研究也表明，投资者在市场不确定性增加时会通过购买期权合约对冲持有的资产头寸，私有信息便得以在期权市场释放。那么，隐含波动率价差的预测能力是否会随市场状态而变？对此问题可以有两种实证设计方案。其一是根据隐含波动率水平的高低将市场划分为两种状态，具体地可以将取值最高的前四分之一作为高波动状态，后四分之三作为低波动状态。这种方案通过引入虚拟变量，把市场划分为可以观测的两种确定性状态，缺点是比较简单粗暴，忽略了市场波动水平的高和低是相对的，并不是绝对意义上的。其二是通过构建马尔可夫区制转移回归模型。该模型可以对市场状态隐含地划分为两种状态，并推断出市场处于各状态的概率。在该模型下，状态之间的转移概率是未知参数，模型的回归系数随不同的状态取值不同。本节采用第二种实证设计方案进行探究。

马尔可夫区制转移回归模型的设定如下所示：

$$r_{t+1}=a+b_{s_t}\,IVS_t+c\,Controls_t+\varepsilon_{t+1}\quad \varepsilon_{t+1}\sim N(0,\sigma_{s_t}^2) \tag{4-32}$$

与式（4－30）的设定相比，扰动项方差 $\sigma_{s_t}^2$ 和隐含波动率价差的系数 b_{s_t} 随不同的状态取值不同。不可观测的状态变量 s_t 的取值为 1（低波动状态）或 2（高波动状态），代表市场的两种状态，遵循马尔可夫链过程，概率转移矩阵如下所示：

$$p_{11}=P(s_t=1\,|\,s_{t-1}=1) \tag{4-33}$$

$$p_{22}=P(s_t=2\,|\,s_{t-1}=2) \tag{4-34}$$

本章使用极大似然函数法进行参数估计，在构造似然函数的过程中需要使用贝叶斯推断等知识。表 4－6 给出了使用日度数据的马尔可夫区制转移回归结果，扰动项的方差在状态 2 要大于状态 1，因此状态 1 对应低波动的市场状态，状态 2 对应高波动的市场状态。在两种市场状态下，三个隐含波动率价差指标对隔夜收益率的预测方向与 4.2.2 节的理论分析相一致并表现出极强的显著性，但在状态 2 的回归系数是状态 1 的两倍，说明在市场不确定性增加时，由于期权市场的信息含量增加导致隐含波动率价差的预测力更强；三个价差指标对日内收益率的预测均表现出反转现象，在市场处于低波动状态时，无论是系数的绝对值还是显著性均大于高波动状态，说明反转现象在低波动市场更为显著，背后的原因在于此时散户交易更为活跃。从贝叶斯信息准则 BIC 可以看出，隐含波动率价差对隔夜收益率的解释力度高于对日内收益率的解释力度。

表 4-6　　马尔可夫区制转移回归结果（日度）

	(1)	(2)	(3)	(4)	(5)	(6)
	$r_{co,t+1}$	$r_{oc,t+1}$	$r_{co,t+1}$	$r_{oc,t+1}$	$r_{co,t+1}$	$r_{oc,t+1}$
$s_t=1$						
$CPIV_t$	0.015***	-0.034**				
	(2.97)	(-2.52)				
$IVSkew1_t$			-0.014***	0.041**		
			(-3.46)	(2.40)		
$IVSkew2_t$					0.014***	-0.047*
					(3.34)	(-1.95)
σ_1	0.002***	0.008***	0.003***	0.008***	0.003***	0.008***
	(9.11)	(19.26)	(8.95)	(17.91)	(9.42)	(14.59)
$s_t=2$						
$CPIV_t$	0.027***	-0.024				
	(3.00)	(-1.63)				
$IVSkew1_t$			-0.029***	0.031*		
			(-2.90)	(1.93)		
$IVSkew2_t$					0.029***	-0.028
					(2.83)	(-1.35)
σ_2	0.013***	0.023***	0.013***	0.022***	0.014***	0.023***
	(5.87)	(11.73)	(5.79)	(11.30)	(5.86)	(10.88)
p_{11}	0.920	0.982	0.920	0.981	0.921	0.979
p_{22}	0.778	0.945	0.777	0.943	0.775	0.937
BIC	-7.811	-6.110	-7.807	-6.114	-7.805	-6.113
N	1 436	1 436	1 436	1 436	1 436	1 436

注：括号中给出的是经过 Newey-West 调整的 t 统计量。
（* $p<0.1$，** $p<0.05$，*** $p<0.01$）。

表 4－7 给出了使用周度数据的马尔可夫区制转移回归结果。同样地，状态 1 对应市场的低波动状态，状态 2 对应市场的高波动状态。在市场处于高波动状态时，三个隐含波动率价差对隔夜收益率的影响更大且更显著。在市场处于低波动状态时，日内收益率的反转效应更加显著。周度数据的回归结论与日度数据的相同，两者的回归结果验证了假设 3 的正确性。

表 4－7　　马尔可夫区制转移回归结果（周度）

	(1)	(2)	(3)	(4)	(5)	(6)
	$r_{co,t+1}$	$r_{co,t+1}$	$r_{co,t+1}$	$r_{co,t+1}$	$r_{co,t+1}$	$r_{co,t+1}$
$s_t=1$						
$CPIV_t$	0.006**	－0.030*				
	(2.21)	(－1.93)				
$IVSkew1_t$			－0.006**	0.033**		
			(－2.44)	(2.04)		
$IVSkew2_t$					0.005**	－0.039**
					(2.12)	(－2.43)
σ_1	0.007***	0.017***	0.007***	0.016***	0.006***	0.017***
	(7.45)	(11.76)	(7.44)	(11.82)	(7.72)	(11.83)
$s_t=2$						
$CPIV_t$	0.020**	－0.020				
	(2.35)	(－1.63)				
$IVSkew1_t$			－0.021**	0.021*		
			(－2.45)	(1.74)		
$IVSkew2_t$					0.021**	－0.022*
					(2.54)	(－1.71)

续表

	（1）	（2）	（3）	（4）	（5）	（6）
σ_2	0.025***	0.045***	0.025***	0.045***	0.025***	0.046***
	（5.23）	（9.47）	（5.48）	（9.38）	（5.42）	（9.33）
p_{11}	0.881	0.971	0.879	0.972	0.879	0.973
p_{22}	0.596	0.933	0.600	0.934	0.597	0.936
BIC	-5.924	-4.277	-5.926	-4.279	-5.922	-4.283
N	301	301	301	301	301	301

注：括号中给出的是经过 Newey-West 调整的 t 统计量。
（* $p<0.1$，** $p<0.05$，*** $p<0.01$）。

4.4.4 样本外检验

下面进行样本外检验。首先，将整个样本分为初始估计窗和预测评估窗。对于日度数据，初始估计窗的长度为 500；对于周度数据，初始估计窗的长度为 50，并采用增窗的方式完成对预测评估窗数据的样本外检验。其次，之前小节的实证结果表明，隐含波动率价差对隔夜收益率的预测与信息交易或价格压力理论一致，而对日内收益率的反转效应更多的是受散户交易的影响，且在一些回归中也表现出不显著的结果。出于以上原因的考虑，本节仅对隔夜收益率进行样本外检验。为了探究隐含波动率价差对隔夜收益率预测的信息增量作用，考虑如下两个嵌套模型：

$$r_{[t-K+1,t]} = a + b\,IVS_{t-K} + c\,Controls_{t-K} + \varepsilon_{[t-K+1,t]} \qquad (4-35)$$

其中，$r_{[t-K+1,t]}$ 是第 $t-K+1$ 期至第 t 期的隔夜收益率，其他设定则与式（4-30）保持一致。使用估计窗的数据对上式回归，可得系数估计值，然后结合第 t 期的自变量取值，可给出第 $t+1$ 期至第 $t+K$ 期隔夜收益率在样本外的预测值，如下所示：

$$r_{[t+1,t+K],L}=\hat{a}+\hat{b}\,IVS_t+\hat{c}\,Controls_t \tag{4-36}$$

去掉式（4－35）中的 IVS_{t-K}，可得基准模型：

$$r_{[t-K+1,t]}=\alpha+\beta\,Controls_{t-K}+\varepsilon_{[t-K+1,t]} \tag{4-37}$$

利用类似的方法，基准模型的样本外预测值如下所示：

$$r_{[t+1,t+K],B}=\hat{\alpha}+\hat{\beta}\,Controls_t \tag{4-38}$$

样本外 R_{OS}^2 定义为：

$$R_{OS}^2=1-\frac{\sum_{s=1}^{n}(r_{[t+s+1,t+s+K]}-\hat{r}_{[t+s+1,t+s+K],L})^2}{\sum_{s=1}^{n}(r_{[t+s+1,t+s+K]}-\hat{r}_{[t+s+1,t+s+K],B})^2} \tag{4-39}$$

其中，$r_{[t+s+1,t+s+K]}$ 是第 $t+s+1$ 期至第 $t+s+K$ 期隔夜收益率的真实值。若 R_{OS}^2 为正，则意味着加入隐含波动率价差可以提高样本外的预测精度，反之亦然。本节参考 Clark and West（2007）的做法，同时给出 R_{OS}^2 的显著性。

由于样本内的结果表明，日度回归在前 4 期表现出显著性，周度回归仅在前 2 期表现出显著性，因此日度样本外检验的 K 值取 1 至 4，周度样本外检验的 K 值取 1 至 2。表 4－8 分别给出使用日频和周频的样本外检验结果，以百分数的形式呈现。结果表明，无论是日频还是周频的数据，三个隐含波动率价差在样本外均能提升现有模型对收益率的预测精度，从而确定了价差指标的信息增量，同时也说明之前的样本内回归结果并没有出现过拟合的问题。

表 4－8　样本外检验

R_{OS}^2（%）	日度				周度	
K	1	2	3	4	1	2
CPIV	0.715***	0.795***	1.403***	1.584***	3.140***	3.721***
IVSkew1	0.478***	0.260**	0.588**	0.757**	3.258***	3.338***
IVSkew2	0.854***	0.995***	1.430***	1.649***	3.221***	3.223***

注：* $p<0.1$，** $p<0.05$，*** $p<0.01$，已经过 Newey－West 调整。

4.4.5 现货和期权市场的信息溢出

结合已有文献对我国股票市场投资者异质信念的研究，本章给出如下的初步解释。由于期权自身的杠杆属性和较低的交易成本，具有信息优势的投资者会首选期权合约而非标的资产进行交易，从而导致期权市场的价格先出现变动。参与集合竞价的投资者要比日内的投资者更具有信息优势，前者会充分消化隔夜信息并对期权市场的信号更加敏感，隔夜收益率会对期权市场的价格压力进行调整，从而隐含波动率价差对隔夜收益率的预测表现出与理论相一致的结论，而后者的投资主体以散户居多，具有“追涨杀跌”的投资风格，并且会忽略期权市场的信息变化，从而隐含波动率价差对日内收益率的预测却出现反转或不显著的现象。下面，本章使用日度数据通过构建二元 GARCH 模型，从信息溢出的角度探究现货和期权市场的内在联系，从实证的角度给本章的研究结论做出严谨的机制解释。

期权和标的资产的收益率具有如下的条件均值方程：

$$R_{1,t}=\alpha_0+\alpha_1 R_{1,t-1}+\alpha_2 R_{2,t-1}+\varepsilon_{1,t} \tag{4-40}$$

$$R_{2,t}=\beta_0+\beta_1 R_{2,t-1}+\beta_2 R_{1,t-1}+\varepsilon_{2,t} \tag{4-41}$$

期权和标的资产的收益率具有如下的条件方差和协方差方程：

$$h_{1,t}=\gamma_0+\gamma_1\varepsilon_{1,t-1}^2+\gamma_2 h_{1,t-1}+\gamma_3\varepsilon_{2,t-1}^2+\gamma_4 h_{2,t-1} \tag{4-42}$$

$$h_{2,t}=\delta_0+\delta_1\varepsilon_{2,t-1}^2+\delta_2 h_{2,t-1}+\delta_3\varepsilon_{1,t-1}^2+\delta_4 h_{1,t-1} \tag{4-43}$$

$$\sigma_{12,t}=\theta_0+\theta_1\varepsilon_{1,t-1}\varepsilon_{2,t-1}+\theta_2\sigma_{12,t-1} \tag{4-44}$$

其中，$R_{1,t}$是看涨、看跌或跨式期权的日度收益率。对于衍生品收益率的计算方法与标的资产有很大的不同，比如期货合约会存在不同的剩余期限，期权合约又分为看涨看跌、执行价格和剩余期限三个维度。对于期货，选择交易量最大的合约，这种合约的流动性强，因而也具有更多的信息含量。类似地，看涨或看跌期权的收益率通常选择平值附近、距离到期日最近且具有最大交易量的合约进行计算。$R_{2,t}$是上证 50ETF

的隔夜或日内收益率。从二元 GARCH 模型的设定可以看出，现货和期权市场的信息溢出存在两个渠道，一是通过收益率，即一阶矩，可观察系数 α_2 和 β_2 进行确定；二是通过方差，即二阶矩，可观察系数 γ_3、γ_4、δ_3 和 δ_4 进行确定。系数 α_2、γ_3 和 γ_4 反映了现货市场对期权市场的信息溢出效应，而 β_2、δ_3 和 δ_4 反映了期权市场对现货市场的信息溢出效应。本节的目的在于探究期权市场对现货市场在隔夜和日内时间段的信息溢出效应是否存在差异，因此 β_2、δ_3 和 δ_4 是需要重点关注的系数。可使用极大似然法完成对二元 GARCH 模型的参数估计和假设检验，本质是用到了二维正态分布的知识。

由于二元 GARCH 模型中共有 19 个参数，而本节仅需要重点关注其中的 3 个参数即可，因此表 4－9 仅展示了期权市场对现货市场的信息溢出效应相关的参数。结果表明，无论是使用看涨、看跌还是跨式期权的收益率，在隔夜时间段，δ_3 和 δ_4 均表现出统计显著性，说明期权市场对现货市场的信息溢出主要反映在条件方差项上，但是在条件均值项上，由于 β_2 均统计不显著，因此并没有表现出信息溢出效应。而在日内时间段，条件均值和条件方差项的系数均不显著，说明在此时间段，期权市场对现货市场的信息溢出效应并不显著。Ahn et al.（2018）使用日内高频数据建立的向量误差修正模型显示，期权市场在此时间段是信息的净接受方，容易受到现货和期货市场的影响，本章的结论与之类似。以上研究表明，期权市场对现货市场的信息溢出效应主要集中在隔夜阶段，具体是通过波动率渠道进行的信息传递。以上便证明了假设 4 的合理性。

表 4－9　　期权市场对现货市场的信息溢出效应

$R_{1,t}$	看涨期权		看跌期权		跨式期权	
$R_{2,t}$	隔夜	日内	隔夜	日内	隔夜	日内
β_2	－0.007	－0.003	－0.009	－0.016	0.008	－0.004
	(－0.546)	(－0.012)	(－0.308)	(－1.208)	(1.046)	(－0.067)

续表

$R_{1,t}$	看涨期权		看跌期权		跨式期权	
δ_3	0.220***	0.081	0.068**	1.1e－11	0.093**	0.179
	(18.211)	(1.023)	(2.348)	(9.8e－4)	(2.482)	(0.582)
δ_4	0.005***	6.2e－11	0.135**	0.002	0.080***	0.005
	(3.859)	(2.38e－4)	(2.47)	(0.532)	(10.449)	(0.019)

注：括号中给出的是经过 Newey－West 调整的 t 统计量。
（* $p<0.1$，** $p<0.05$，*** $p<0.01$）。

4.5 稳健性检验

在本节中对本章的回归结果进行稳健性检验，回归设计如下所示：

$$r_{t+1}=a+b\left(\frac{1}{H}\sum_{\tau=0}^{H-1}IVS_{t-\tau}\right)+c\,Controls_t+\varepsilon_{t+1} \tag{4－45}$$

与式（4－30）不同的是，此时的自变量隐含波动率价差取的是 H 期的平均值。该回归方程描述了隐含波动率价差的移动平均值与未来 1 期收益率的关系，因变量不存在数据窗口的重叠问题，分为隔夜和日内收益率两种，使用的数据频率同样分为日频和周频两种。

表 4－10 汇报了日频的稳健性回归结果，可知隐含波动率价差的移动平均值对隔夜收益率的预测仍表现出与理论相一致的结果，在使用过去 5 期价差指标的平均值时，依然表现出显著性；而对日内收益率仍存在着反转现象，但随着 H 的增加，反转现象逐渐不显著。

表 4－10　　稳健性回归（日频）

	H	2	3	4	5
CPIV	co_{t+1}	0.022***	0.020***	0.019***	0.020***
		(3.40)	(3.81)	(3.88)	(3.80)

续表

	H	2	3	4	5
CPIV	oc_{t+1}	−0.022*	−0.019	−0.017	−0.015
		(−1.88)	(−1.59)	(−1.43)	(−1.23)
IVSkew1	co_{t+1}	−0.023***	−0.021***	−0.021***	−0.021***
		(−3.07)	(−3.57)	(−3.67)	(−3.67)
	oc_{t+1}	0.029**	0.024*	0.021*	0.018
		(2.06)	(1.87)	(1.70)	(1.48)
IVSkew2	co_{t+1}	0.024***	0.022***	0.021***	0.022***
		(3.19)	(3.46)	(3.59)	(3.50)
	oc_{t+1}	−0.025*	−0.022*	−0.020	−0.017
		(−1.92)	(−1.69)	(−1.51)	(−1.29)

注：括号中给出的是经过 Newey－West 调整的 t 统计量。
（* $p<0.1$，** $p<0.05$，*** $p<0.01$）。

表 4－11 汇报了周频的稳健性回归结果，主要结论与日频的回归结果保持一致。但在低频数据下，使用过去 4 周以上的隐含波动率价差的平均值对隔夜收益率的预测不再具有显著的作用。

表 4－11　　　　　　　稳健性回归（周频）

	H	2	3	4	5
CPIV	co_{t+1}	0.014***	0.010***	0.006	0.001
		(3.69)	(2.77)	(1.42)	(0.26)
	oc_{t+1}	−0.023***	−0.019**	−0.017*	−0.015
		(−2.79)	(−2.20)	(−1.84)	(−1.48)
IVSkew1	co_{t+1}	−0.014***	−0.009**	−0.005	−0.000 1
		(−3.54)	(−2.50)	(−1.20)	(−0.02)
	oc_{t+1}	0.025**	0.019**	0.018*	0.016
		(2.75)	(2.14)	(1.81)	(1.46)

续表

	H	2	3	4	5
IVSkew2	co_{t+1}	0.015***	0.010**	0.005	−0.0005
		(3.63)	(2.53)	(1.13)	(−0.09)
	oc_{t+1}	−0.025***	−0.021**	−0.020*	−0.017
		(−2.77)	(−2.11)	(−1.78)	(−1.37)

注：括号中给出的是经过 Newey－West 调整的 t 统计量。
（* $p<0.1$，** $p<0.05$，*** $p<0.01$）。

4.6 本章小结

已有文献关于隐含波动率价差对收益率的预测研究主要集中于美国的期权市场，多样的期权类型和活跃的市场交易为此类研究提供了有利的外部条件。基于上证 50ETF 期权构造的隐含波动率价差对日度收益率预测的初步研究并没有得到显著结果，这是由于我国期权市场效率不高导致合约缺乏前瞻性信息，还是由于我国独特的市场微观结构所致？为了解答这一疑惑，本章考虑到我国资本市场隔夜和日内收益率的特点和性质上的差异，将日度收益率进一步分解为隔夜和日内两个部分，分别探究隐含波动率价差的预测能力。正如上一章内容所示，上证 50ETF 期权的“微笑曲线”呈现出对称，甚至有些右偏的形态，并不像美国市场所呈现的左偏形态。为此，本章构建了三种不同类型的价差指标，以刻画“微笑曲线”在平值、左侧和右侧的倾斜程度。本章的研究分为理论和实证两个部分。在理论研究方面，利用看跌—看涨平价公式和期权定价公式，解释了在实际市场条件下隐含波动率价差存在的原因及其与现货市场价格的联系，具有一定的理论创新性。而实证部分主要的研究结论总结如下。

第一，本章构建的三个价差指标 *CPIV*、*IVSkew1* 和 *IVSkew2* 对隔夜收益率具有显著的预测能力，且具有和理论分析相一致的影响方向，但对日内收益率预测的显著性要更低，且与隔夜收益率具有相反的影响方向。隔夜和日内的“拔河”现象，解释了隐含波动率价差对日度收益率没有显著预测能力的原因。使用周度数据的向前一期预测的结果与日度数据的结果相一致，但表现出如下的特点：使用频率更低的周度数据，回归系数的绝对值更小，但同时由于周度数据消除了日度数据的噪声，回归系数的显著性更强，模型对数据的拟合能力更高。

第二，日度数据的向前多期预测结果显示：三个价差指标对隔夜收益率的预测方向与理论分析相一致，但随着预测窗口的增加，系数绝对值的大小和显著性不断下降，在向前五期预测时已经不再具有显著性；对日内收益率的预测仍表现出反转现象，但这种反转现象只存在于二期之中，在三期及以上时，不再具有显著性。周度数据的向前多期预测结果显示：三个价差指标对隔夜收益率的预测能力仅存在于 2 周之内，对日内收益率的反转现象也同样仅存在于 2 周之内。日度和周度的向前多期预测结果表明，随着预测窗口的增加，隐含波动率价差对隔夜收益率和日内收益率的影响大小和显著性程度会逐渐下降。

第三，在本章的样本期内，我国市场经历了不同的状态。为了进一步探究在市场高低不同的波动状态下，价差指标的预测能力是否存在不同，本章使用马尔可夫区制转移回归的方法将市场隐含地划分为两种状态。回归的结果表明，在市场处于高波动状态时，三个隐含波动率价差对隔夜收益率的预测能力更强且更显著。在市场处于低波动状态时，日内收益率的反转效应更加显著。周度数据的回归结论与日度数据的相同。

第四，样本外检验结果表明，使用日频和周频的数据，隐含波动率价差在样本外均能提升现有模型对收益率的预测精度，从而确定了价差指标的信息增量，同时也说明之前的样本内回归结果并没有出现过拟合的问题。

第五，为了对本章的研究给出内在的机制说明，本章构建了二元 GARCH 模型，从信息溢出的角度进行解释。研究结果表明，期权市场对现货市场的信息溢出效应主要集中在隔夜阶段，具体是通过波动率渠道进行的信息传递，而在日内时段，期权市场对现货市场的信息溢出效应并不显著。从而解释了价差指标对隔夜收益率的预测符合理论预期，而对日内收益率的预测却存在反转现象的原因所在。

第 5 章　隐含波动率在波动率预测中的信息增量

5.1 引　　言

股票市场波动对资产定价、投资组合、衍生品对冲策略和金融风险管理有着重要作用。因此，波动率预测对学者和从业者都具有重要意义。进一步提高波动率的预测精度，是一个复杂且有意义的研究课题。事实上，真正的市场波动并不能被直接观察到。一般来说，波动率是用给定时间段内资产收益率的标准差来衡量。自获得诺贝尔奖的 Engle（1982）关于自回归条件异方差（ARCH）模型的开创性工作以来，许多学者通过扩展 ARCH 模型来捕获波动率的各种特征。此外，Corsi（2009）提出的异质性自回归模型（HAR）在预测波动率时考虑到投资者不同投资期限的异质信念，该模型和其扩展模型也被许多学者使用以预测已实现波动率。总的来说，文献中用于预测波动率的模型可以被分为两类：（1）利用历史信息的波动率预测，如 ARCH 和 GARCH 族模型、随机波动率模型、已实现波动率模型等；（2）利用隐含在期权交易价格中的信息预测波动率。

近年来，隐含波动率受到了学者和市场从业者的广泛关注。一般来说，与基础资产市场相比，期权市场具有更丰富的信息，因为期权交易者在为期权定价时考虑了市场过去和未来预期的信息。利用市场上期权的实际交易价格可以反算出期权价格所隐含的股票市场波动率。该隐含波动率是对波动率的前瞻性衡量，代表了市场对标的资产在期权存续期内未来波动率的估计。芝加哥期权交易所（CBOE）于 1993 年首次在美国市场推出了基于 S&P 500 指数期权价格的隐含波动率指数，称为 VIX 指数。VIX 指数衡量的是未来 30 天内标的股票指数的年化预期波动率。

全球许多知名交易所都采用芝加哥期权交易所的构建方法推出了波动率指数。

随着各国相继推出波动率指数，许多学者开始借助波动率指数研究隐含波动率的信息含量。然而，学术界对隐含波动率是否是有效的预测工具并没有达成明确的共识。一些研究表明，隐含波动率是对未来波动率的一种低效预测，它只包含很少或没有与预测未来波动率相关的增量信息（Canina and Figlewski，1993；Becker et al.，2007）。另一些学者则指出隐含波动率包含重要信息，在预测未来波动率方面优于历史波动率（Blair et al.，2001；Giot，2005；Frijns et al.，2010；Kambouroudis and McMillan，2016）。隐含波动率除了被用作市场波动率的前瞻性测度外，还具有杠杆效应的特性。当考虑到股票市场回报和 VIX 之间的同期关系时，一些研究发现两者存在负相关性（Fleming et al.，1995；Whaley，2000）。此外，这种关系是非对称的，即负收益率时隐含波动率的增加要大于正收益率时隐含波动率的减少。鉴于此，VIX 指数通常被称为投资者恐慌指数（Whaley，2000），在市场动荡和不确定性期间，隐含波动率指数会达到峰值。与此一致，隐含波动率也被认为反映了投资者的情绪（Baker and Wurgler，2006）。

然而，现有关于波动率指数信息含量的文献大多集中在美国市场，对中国市场的研究很少。此外，股票市场在流动性、市场微观结构、公司治理和监管框架等方面存在差异。因此，从美国市场得到的结果并不能直接推广到其他市场，中国市场的隐含波动率指数的信息含量值得进一步研究。上证 50ETF 期权是中国首只场内期权，其标的为上证 50ETF。50ETF 是一只动态追踪上证 50 指数的开放式基金。因为上证 50 指数挑选市场规模大、流动性好的最具代表性的 50 只股票组成样本股，可以综合反映上海证券市场最具市场影响力的一批优质大盘企业的整体状况，其波动率可以很好地代表中国股市的波动情况。所以，本章选择上证 50ETF 期权作为研究对象。

上证 50ETF 期权于 2015 年 2 月 9 日正式上市，是在上海证券交易所交易的欧式期权，交易时间为北京时间上午 9 点 30 至 11 点 30 和下午 1 点至 3 点。合约期限涵盖当月、次月和随后两个季月。上海证券交易所和中证指数公司曾在 2016 年 11 月 28 日推出上证 50ETF 波动率指数（指数简称：iVIX），但是该波动率指数在 2018 年 2 月 24 日停止更新。受限于数据量，2017 年以后，一些对于上证 50ETF 期权的研究有了合适容量的数据支持才得以展开，但大多只是探究 50ETF 期权的定价问题和期权上市后对股票市场波动率的影响等。例如，杨兴林和王鹏（2018）研究了上证 50ETF 期权的定价问题；刘庞庞（2017）以及韦晓静（2018）主要研究了 50ETF 期权上市对其标的股指上证 50 指数波动性的影响。鲜有学者对中国波动率指数的预测能力进行研究，已有研究也仅仅基于中国波指停更前的历史数据。例如，杨艳军和安丽娟（2017）基于 HAR 模型对 iVIX 进行研究，发现基于中国波指构建的期权投资策略能够取得较好的收益。

为此，本章借鉴 1993 年推出的 VIX 指数构建方法，构建了 2015 年 2 月 9 日至 2020 年 12 月 31 日期间中国上证 50ETF 期权的 VIX 指数，简称为 CVX 指数。本章致力于探究中国波动率指数的行为特征和信息含量。本章的主要贡献在于：第一，构建了中国波动率指数，并延长了数据的时间窗，减少了样本量较小造成实证结果偏差的可能性；第二，全面地刻画了中国市场波动率指数的行为特征，包括对该指数进行季节性测试、探究其与标的资产收益率的关系等；第三，使用异质自回归模型（HAR）对波动率进行预测，并通过与 HAR 模型在不同的预测区间的预测结果进行比较，探究了 CVX 指数对样本内和样本外波动率的预测能力。

本章研究结果显示，CVX 指数包含了上证 50ETF 收益率和未来波动率的重要信息。首先，本章发现 CVX 指数的日变动量和上证 50ETF 的收益率之间存在显著的负向且不对称的同期关系。这意味着：（1）当隐含波动率增加时，同时伴随着市场收益率下降，反之亦然；（2）负收益率时，隐含波动率的增加要大于正收益率时隐含波动率的减少。其次，通过季节性测试，本章在 CVX 指数中发现了周一效应的证据。最后，对于隐含波动率对未来股市波动率的预测能力，本章发现 CVX 指数显著提高了 HAR 模型的样本内的预测能力。样本外预测结果显示，该指数也包含了提高样本外的未来波动率预测精度的重要信息，在 5 天预测期内的预测效果最高。包含回归显示 CVX 指数的加入可以提高 HAR－RV 模型预测值的信息含量。总体而言，本章的研究结果显示，上证 50ETF 期权的波动率指数包含了除传统的股市波动度量外的重要信息。

本章其余部分安排如下：第二部分介绍了 CVX 指数的构建方式和其他使用的模型与方法；第三部分介绍研究所使用的数据；第四部分进行实证结果的展示和分析；最后一部分给出本章的主要结论。

5.2 理论分析与模型构建

5.2.1 CVX 指数的构建

VIX 指数也被称为“恐慌指数”，由芝加哥期权交易所（CBOE）在 1993 年正式推出，用来测算 S&P 500 期权在未来 30 天的隐含波动率水平，该指数的编制方法经历了以下两个阶段。第一个阶段是 1993 至 2003 年，该方法基于 B－S－M 公式反解的隐含波动率，通过对波动率曲面进行两次线性插值合成 VIX 指数。此时，指数的编制基于当时交易活跃的 S&P 100 期权。第二个阶段是 2003 年至今。2003 年，CBOE 联合高盛集团更新了 VIX 指数的算法，使用无模型的方法，基于方差互换的原理，利用一系列虚值合约求出市场当前对波动率的预期值。此时，编制指数使用的期权合约更换为当时交易更为活跃的 S&P 500 期权。旧版的方法现如今仍用在 S&P 100 期权上，同样具有一定的参考和指导意义，指数代码为 VXO。我国推出上证 50ETF 期权后，上交所和中证指数公司在 2016 年 11 月 28 日正式发布上证 50ETF 波动率指数，简称中国波指，指数代码为 000188。在 2018 年 2 月 22 日农历新年后的第一个交易日，中国波指暂停发布，因此它的最后一个交易日被定格在当年的情人节。此外，衡量中国市场波动水平的指数还有 CBOE 使用 FXI 期权计算并公布的中国 ETF 波动率指数（VXFXI），不过该指数反映的是在香港交易所交易的市值最大的 50 家中国内地公司在未来 30 天的预期波动率，标的公司与上证 50ETF 存在差异。

由于中国波指的停更以及 VXFXI 与中国波指在标的公司上的差异，目前市场上没有公开发布并能够反映上证 50ETF 波动水平的隐含波动率指数，但波动指数的编制方法都是可以公开获取并加以利用的。正如在第 3 章所介绍的，上证 50ETF 期权的行权价格相对较少，行权间距相对较大，因此本章采用 Whaley（2000）的方法构建上证 50ETF 的隐含波动率指数并将其命名为 CVX 指数。这种方法的本质是在通过对波动率曲面的两次线性插值求得平值且 30 天的隐含波动率。下面对 CVX 指数的构造方法进行详细的介绍。

求解隐含波动率

本章基于 B－S－M 模型从期权价格中反解出隐含波动率，在该模型下标的资产价格 S_t 在风险中性测度服从式（5－1）所示的几何布朗运动：

$$\frac{\mathrm{d}S_t}{S_t}=r\mathrm{d}t+\sigma\mathrm{d}W_t \tag{5-1}$$

其中，r 为无风险利率，W_t 为标准布朗运动，σ 为标的资产的波动率，需通过隐式求得。根据 B－S－M 模型，欧式看涨和看跌期权在 t 时刻的价格分别为：

$$C_t=S_t\Phi(d_1)-X\mathrm{e}^{-r(T-t)}\Phi(d_2) \tag{5-2}$$

$$P_t=X\mathrm{e}^{-r(T-t)}\Phi(-d_2)-S_t\Phi(-d_1) \tag{5-3}$$

而 d_1 和 d_2 如下述两个式子所示：

$$d_1=\frac{\ln\left(\frac{S_t}{X}\right)+\left(r+\frac{\sigma^2}{2}\right)(T-t)}{\sigma\sqrt{T-t}} \tag{5-4}$$

$$d_2=d_1-\sigma\sqrt{T-t} \tag{5-5}$$

其中，C_t 和 P_t 分别是看涨和看跌期权的价格，T 是期权的到期日，

X 是行权价格，$\Phi(\cdot)$ 是标准正态分布的累积分布函数。因为中国期权有红利保护，所以不用考虑股息分红带来的影响。

合成指数

CVX 指数的构建共需要用到 8 个期权合约。根据 Whaley（2000），这些期权合约需要满足以下条件：（1）4 个看涨期权和 4 个看跌期权；（2）4 个近月合约和 4 个次近月合约，这为使用线性插值法获得固定到期期限的隐含波动率提供了便利；（3）4 个合约的执行价格刚好高于标的资产价格，4 个合约的执行价格刚好低于标的资产价格，这为使用线性插值法获得平值的隐含波动率提供了便利。这些期权合约的关系在表 5－1 中列出。

表 5－1　　构建 CVX 指数所需的 8 个期权合约

	近月合约 T_1		次近月合约 T_2	
行权价格	看涨期权	看跌期权	看涨期权	看跌期权
X_U	$\sigma_{c,1}^{X_U}$	$\sigma_{p,1}^{X_U}$	$\sigma_{c,2}^{X_U}$	$\sigma_{p,2}^{X_U}$
X_L	$\sigma_{c,1}^{X_L}$	$\sigma_{p,1}^{X_L}$	$\sigma_{c,2}^{X_L}$	$\sigma_{p,2}^{X_L}$

表 5－1 下标中的 c 和 p 分别表示看涨和看跌期权，X_U 和 X_L 分别表示恰好高于和低于标的资产当前价格的执行价格，T_1 和 T_2 分别表示距离当前时刻 t 最近的两个期权的到期日。

为了将这 8 个合约的隐含波动率合并为一个指数，需要进行三步。首先，计算具有相同执行价格和到期日的看跌和看涨期权的隐含波动率的平均值：

$$\sigma_1^{X_U} = \frac{\sigma_{c,1}^{X_U} + \sigma_{p,1}^{X_U}}{2} \qquad \sigma_2^{X_U} = \frac{\sigma_{c,2}^{X_U} + \sigma_{p,2}^{X_U}}{2} \tag{5-6}$$

$$\sigma_1^{X_L} = \frac{\sigma_{c,1}^{X_L} + \sigma_{p,1}^{X_L}}{2} \qquad \sigma_2^{X_L} = \frac{\sigma_{c,2}^{X_L} + \sigma_{p,2}^{X_L}}{2} \tag{5-7}$$

其次，将上两式计算出的 4 个波动率按照相同到期日和不同行权价格的配对原则进行线性插值，求得近月和次近月的平值隐含波动率：

$$\sigma_1 = \sigma_1^{X_U}\left(\frac{S - X_L}{X_U - X_L}\right) + \sigma_1^{X_L}\left(\frac{X_U - S}{X_U - X_L}\right) \tag{5-8}$$

$$\sigma_2 = \sigma_2^{X_U}\left(\frac{S - X_L}{X_U - X_L}\right) + \sigma_2^{X_L}\left(\frac{X_U - S}{X_U - X_L}\right) \tag{5-9}$$

最后，将 σ_1 和 σ_2 再进行一次线性插值，求得平值且期限固定的波动率指数。本章基于 22 个交易日的固定期限进行计算：

$$CVX = \sigma_1\left(\frac{N_{t_2} - 22}{N_{t_2} - N_{t_1}}\right) + \sigma_2\left(\frac{22 - N_{t_1}}{N_{t_2} - N_{t_1}}\right) \tag{5-10}$$

其中，N_{t_1} 和 N_{t_2} 分别表示在当前时刻 t 近月和次近月合约的剩余天数。

5.2.2　隐含波动率与收益率的杠杆效应

已有大量文献对股票市场的收益率和波动率指数的同期关系进行研究，发现两者间存在负向且不对称的关系。学术界主要提出两种假说来解释负向关系。第一种假说为杠杆效应（Christie，1982）。该假说认为，当股价下跌时，公司的所有者权益下降、杠杆率增加，公司面临的权益风险增大，两者之间具有同期反向变动关系。第二种假说为波动率的反馈效应（Campbell and Hentschel，1992）。该假说认为，预期增加的波动水平会导致资产风险溢价的增加，从而要求较高的投资回报，这会导致当前股票价格的下跌。尽管这两种假说都支持收益和波动之间的负向关系，但它们的因果关系（即出发点）却是相反的，实证研究对这两种假说均提供了证据支持。非对称关系最早由 Schwert（1989）观察到，他在研究美国市场时发现，负收益时波动率的增加幅度要大于正收益时波动率的减少幅度。

VIX 指数作为市场未来预期波动水平的代表，与收益率之间的杠杆效应关系最早由 Fleming et al.（1995）进行实证检验，结果发现一个显著的负向且不对称的关系。本章参照 Fleming et al.（1995）的做法，使用 CVX 指数的变动量 ΔCVX 对上证 50ETF 日对数收益率的向前、滞后和同期值进行回归。为了探究ΔCVX和收益率之间是否存在非对称的同期关系，将同期收益率的绝对值纳入回归方程中。在构建非对称回归关系时，另一种做法是通过引入虚拟变量的方式实现，当收益率小于 0 时取值为 1，在其他情况时取值为 0。此外，加入ΔCVX的滞后值来控制潜在的序列相关性，回归等式构造如下：

$$\Delta CVX_t = \alpha + \beta_{-2} r_{t-2} + \beta_{-1} r_{t-1} + \beta_0 r_t + \beta_0^{abs} |r_t| + \beta_{+1} r_{t+1} + \beta_{+2} r_{t+2} + \gamma \Delta CVX_{t-1} + \varepsilon_t \quad (5-11)$$

根据上述分析，若杠杆效应显著存在，则β_0应显著为负，β_0^{abs}应显著为正，这两个是杠杆效应的关键系数。

5.2.3 波动率预测理论与模型

在当今数据丰富的世界中，高频数据的可得性使得利用股票日内收益率来衡量已实现方差成为可能。已实现方差（RV）的概念最早由 Andersen and Bollerslev（1998）提出。从数学的角度将RV定义为日内收益率的平方和：

$$RV_t = \sum_{i=1}^{M} r_{i,t}^2 \quad (5-12)$$

其中，RV_t为交易日t的已实现方差，$r_{i,t}$为交易日t的第i个日内收益率，$M = 1/\Delta$，Δ为采样频率。Liu et al.（2015）对 5 个资产类别的 31 种不同金融资产构建了 400 多种波动率的度量方式，研究发现 5 分钟频率计算的已实现方差表现最好，能够权衡市场微观噪声带来的不利影响。由于使用 5 分钟高频数据计算的已实现方差被大量的市场研究广泛推荐和使用，所以本章以 5 分钟高频作为采样频率来计算已实现方差。

本章使用 Corsi（2009）提出的异质性自回归（HAR）模型，该模型涵盖了过去一天、一周和一个月的波动率信息，因此可以反映股票市场上不同交易期限的投资者的异质信念。由于 HAR 模型在波动率预测方面的优势和成功，许多研究使用 HAR 及其扩展模型来预测 RV。Andersen et al.（2007）指出标准差和取对数形式的非线性 HAR 模型比线性形式的 HAR 模型具有更好的预测能力。参照 Corsi（2009）的研究，本章构建如下的 HAR－RV 模型：

$$RV_{[t+1,t+n]} = \beta_0 + \beta_1^{RV} RV_t + \beta_5^{RV} RV_{[t-4,t]} + \beta_{22}^{RV} RV_{[t-21,t]} + \varepsilon_{[t+1,t+n]} \tag{5-13}$$

其中，$V_{[t+1,t+n]}$表示$t+1$时刻到$t+n$时刻RV的平均值，本章取不同的预测长度$n=1$，5，10，22，66。RV_t表示t时刻RV的值，为日异质因子；$RV_{[t-4,t]}$表示$t-4$时刻至t时刻过去一周的RV平均值，为周异质因子；同理$RV_{[t-21,t]}$表示$t-21$时刻至t时刻过去一月的RV平均值，为月异质因子。

在 HAR－RV 模型的基础上，为研究 CVX 指数对未来上证 50ETF 已实现波动率的预测能力，本章将其加入 HAR 模型中，构建如下的 HAR－RV－IV 模型：

$$RV_{[t+1,t+n]} = \beta_0 + \beta_1^{RV} RV_t + \beta_5^{RV} RV_{[t-4,t]} + \beta_{22}^{RV} RV_{[t-21,t]} + \gamma IV_t + \varepsilon_{[t+1,t+n]} \tag{5-14}$$

其中，若IV的加入可以提高 HAR－RV 模型的预测效果，则γ应表现出统计显著性。若只使用 CVX 指数预测已实现波动率，可得出如下的 HAR－IV 模型：

$$RV_{[t+1,t+n]} = \beta_0 + \beta_1^{IV} IV_t + \beta_5^{IV} IV_{[t-4,t]} + \beta_{22}^{IV} IV_{[t-21,t]} + \varepsilon_{[t+1,t+n]} \tag{5-15}$$

5.2.4　预测能力表现评估理论

参考 Giot（2005）的实证设计方案，本章使用 Mincer and Zarnowitz（1969）提出的 Mincer－Zarnowitz（MZ）回归评估预测精度。将未来已实现波动率的真实值对预测值进行回归，具体表示如下：

$$RV_{[t+1,t+n]} = \alpha_0 + \alpha_1 \widehat{RV_{[t+1,t+n],i}} + \varepsilon_{[t+1,t+n]} \qquad (5-16)$$

其中，$RV_{[t+1,t+n]}$表示$t+1$时刻到$t+n$时刻的已实现波动率的真实值，$\widehat{V_{[t+1,t+n],i}}$表示使用第 i 个模型计算出来的预测值。根据 Christensen and Prabhala（1998）的研究，该回归可以从两个不同的方面评估预测效果。首先，检验$H_0:\alpha_1=0$，如果α_1统计意义上显著，则意味着每个波动率预测值中至少包含一些关于未来已实现波动率的信息；其次，检验联合假设$H_0:\alpha_1=0,\alpha_1=1$，如果不能拒绝原假设，则意味着预测是无偏的。本章采用 OLS 方法估计 MZ 回归系数，并使用 Newey－West 方法修正标准误的异方差和序列相关性。可通过拟合优度评估模型预测能力，拟合优度最高的模型被认为是最好的模型。

为了研究加入 IV 后的 HAR－RV 模型的预测值是否包含 HAR－RV 模型的预测值中包含的所有相关信息，本章进行了包含回归检验。在包含回归中，真实波动率基于以下两种相互竞争的预测值进行回归：

$$RV_{[t+1,t+n]} = \alpha_0 + \alpha_1 \widehat{RV^1_{[t+1,t+n]}} + \alpha_2 \widehat{RV^2_{[t+1,t+n]}} + \varepsilon_{[t+1,t+n]} \qquad (5-17)$$

其中，$\widehat{RV^1_{[t+1,t+n]}}$为 HAR－RV 模型预测的已实现波动率，$\widehat{RV^2_{[t+1,t+n]}}$为对比模型预测的已实现波动率。若$\alpha_1$显著而$\alpha_2$不显著，则说明 HAR－RV 模型的波动率预测包含对比模型的预测信息；若α_2显著而α_1不显著，则说明对比模型的波动率预测值包含 HAR－RV 的预测信息；若α_1和α_2均显著，则说明两者均包含预测未来已实现波动率的有用信息。

5.3 数据处理与描述性统计

CVX 指数是经过两次线性插值后求得的平值 30 天的隐含波动率。本章使用的期权数据从 Wind 数据库下载，涵盖 2015 年 2 月 9 日至 2020

年 12 月 31 日，共 1 437 个交易日，具体包括期权的合约类型、执行价格、剩余期限、隐含波动率和收盘价以及上证 50ETF 的收盘价，其中期权合约的隐含波动率通过反解 B－S－M 模型求得。本章使用 SHIBOR 作为无风险利率，并使用 Hermite 插值从利率期限结构中获得与期权剩余期限相匹配的无风险利率。本章对期权数据进行如下的清洗：考虑到期权价格在接近到期日时波动很大，本章剔除了距离到期日不足 5 天的合约；考虑到距离到期日较远的合约交易不活跃，研究价值较低，本章剔除了距离到期日超过 180 天的期权数据；本章还剔除了不满足期权上下限关系的合约。原始数据量为 177 822 条，经清洗后剩余 133 958 条。本章使用上证 50ETF 的 5 分钟高频数据计算已实现方差，该数据来自 Wind 数据库和锐思高频数据库，需要使用 API 接口下载数据。

表 5－2 描述了期权合约的交易量占比情况。*Panel A* 为不同在值程度期权的交易量占比。本章参考 Pan and Poteshman（2006）的方法，使用行权价格和标的资产价格之间 3%和 10%的差异作为分割点，将期权划分为不同的类别。*Panel B* 为不同剩余期限的合约交易量的分布情况。通过观察可以得出以下结论：（1）从期权的在值程度上看，上证 50ETF 期权的平值期权交易最为活跃，其次是虚值期权，而实值期权的流动性较差。在整个样本期间，平值期权的交易量占比超过 50%，由于这部分的期权合约交易活跃，信息含量更高，其隐含波动率的信息质量要大于虚值和实值期权，所以使用 1993 年版本的指数编制方法可行；（2）从剩余期限上看，大部分投资者都选择近月合约进行交易，剩余期限在两个月以内的交易量占比超过 90%。远月到期的合约流动性较差，信息含量较低，所以删去剩余期限大于 180 天的期权合约的做法可取。

表 5-2　　各类合约交易量占比情况统计

样本区间	201502—201601		201602—202012		201502—202012	
Panel A：在值程度						
期权类型	看涨期权	看跌期权	看涨期权	看跌期权	看涨期权	看跌期权
DITM	0.046 8	0.074 3	0.011 0	0.010 1	0.011 6	0.011 1
ITM	0.147 9	0.155 9	0.104 3	0.093 0	0.105 0	0.094 0
ATM	0.368 1	0.371 8	0.585 3	0.580 2	0.581 8	0.576 9
OTM	0.251 4	0.265 8	0.238 3	0.263 5	0.238 5	0.263 5
DOTM	0.185 9	0.132 2	0.061 1	0.053 2	0.063 1	0.054 4
Panel B：剩余期限						
期权类型	看涨期权	看跌期权	看涨期权	看跌期权	看涨期权	看跌期权
DTM ＜＝10	0.224 0	0.227 8	0.263 9	0.254 1	0.263 3	0.253 7
10～30	0.513 0	0.515 9	0.481 5	0.478 9	0.482 0	0.479 5
30～60	0.184 2	0.179 4	0.181 9	0.183 4	0.182 0	0.183 4
60～90	0.032 9	0.034 6	0.024 4	0.026 1	0.024 5	0.026 2
90～180	0.038 3	0.032 9	0.036 3	0.043 3	0.036 4	0.043 1
DTM＞180	0.007 6	0.009 4	0.011 9	0.014 2	0.011 8	0.014 1

注：数据来自 Wind 数据库。DITM、ITM、ATM、OTM、DOTM 分别表示深度实值期权、实值期权、平值期权、虚值期权、深度虚值期权。分类依据如下：以看涨期权为例，X 为期权的执行价格，S 为标的资产价格，计算 X/S 指标。DITM 对应 X/S＜＝0.9，ITM 对应 0.9＜X/S＜＝0.97，ATM 对应 0.97＜X/S＜＝1.03，OTM 对应 1.03＜X/S＜＝1.1，DOTM 对应 X/S＞1.1。DTM 表示期权距离到期日的期限，单位为天。

5.4　实证结果与分析

本章的实证步骤如下：首先，计算出 2015 年 2 月 9 日至 2020 年 12 月 31 日的 CVX 指数；接着，分析 CVX 指数的描述性统计结果，并对其进行周内效应检验；最后对 CVX 指数的样本内和样本外的预测能力进行评估。

5.4.1　CVX 指数的性质

CVX 指数的描述性统计

本部分展示了 CVX 指数和上证 50ETF 收益率的描述性统计。收益率的绝对值是一个可以粗略衡量股市波动性的指标。图 5－1 为 CVX 指数和上证 50ETF 的日收益率的绝对值时间序列图，可以观察到 CVX 指数和绝对收益率之间存在明显的联动现象。CVX 指数的峰值通常伴随着上证 50ETF 净值的大幅上升或下降。2015 年股灾期间，CVX 指数一直处于高位，在 8 月 25 日达到历史最高值 87.29%；第二次是在 2020 年的新冠疫情期间，CVX 指数在 3 月份左右升至顶峰，当时也是国内疫情形势最为严峻的时候。上述分析表明 CVX 指数在一定程度上可以捕捉到重大宏观事件的冲击，也能反映投资者的恐慌情绪。

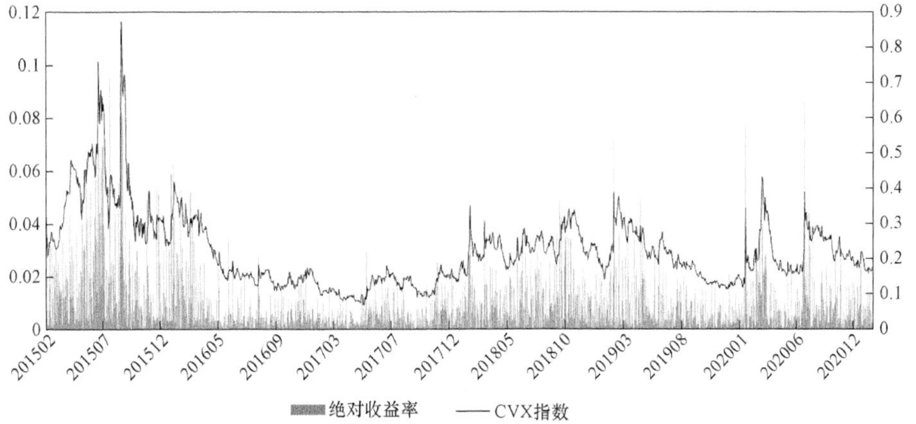

图 5－1　CVX 指数和上证 50ETF 日收益率的绝对值

进一步对日收益率和 CVX 指数进行描述性统计和相关性分析，结果如表 5－3 所示。*Panel A* 展示了收益率的主要性质。在整个样本期间，上证 50ETF 的平均日收益率为正，日标准差为 1.16%（年化为 18.42%）。

收益率的一阶和三阶自相关系数为正，但不显著；二阶自相关系数显著为负。整体观察可知，收益率序列并不具有长记忆的特性，这也是在对收益率建模时不需要使用 HAR 模型的原因。此外，收益率的波动性在整个样本区间内变化幅度较大，最大值（1.85%，2015 年）是最小值（0.48%，2017 年）的近 4 倍，这提供了时变波动率的初步证据。

Panel B 报告了 CVX 指数的描述性统计结果。在整个样本期间内，CVX 指数的平均水平为 26.13%，日标准差为 10.48%（年化为 166.36%）。与日收益率相同的是，CVX 指数的波动率在不同样本区间内的变化幅度很大，且 2015 和 2016 年相对较大，而 2017 年最小。观察各阶的自相关系数可知，CVX 指数表现出强记忆性，无论是全样本还是各个年度，均具有较高的相关性并且在统计上显著，因此在对隐含波动率指数建模时通常需要施加类似 HAR 的长记忆性模型。为了检验序列的平稳性，对 CVX 指数进行 ADF 检验，p 值为 0.044，在 5%水平下拒绝原序列有单位根的假设。但 Fleming et al.（1995）指出，隐含波动率的一阶自相关性过高可能会影响有限样本的推断，且研究预期波动率的变化对标的资产价格变化的影响更有意义。于是本章对 CVX 序列进行一阶差分得到ΔCVX。下面如未做特殊说明，均以ΔCVX为研究对象。

Panel C 为ΔCVX的统计性质。在整个样本期间内，ΔCVX的均值接近 0。滞后一阶的自相关系数显著为负，滞后二阶和三阶的自相关系数取值为负，但统计上不显著。*Panel D* 展示了ΔCVX与不同期的日对数收益率的线性相关性。可以发现ΔCVX与同期的上证 50ETF 日对数收益率的负相关性十分显著，5 个子周期均表现出这种相关性，且熊市期间（2015 和 2018 年）的负相关系数明显大于其他年份。ΔCVX与滞后和领先期的收益率间并不存在显著且稳健的相关关系，在本章后面将会通过构建回归模型来进一步探究ΔCVX 与同期收益率的负相关关系，即所谓的“杠杆效应”。

表 5-3　　主要变量描述性统计和相关性分析

Panel A：Return（×100）

分组	观测数	均值	标准差	ρ_1	ρ_2	ρ_3
全样本	1 437	0.038 4	1.155 5	0.021 9	-0.060 6**	0.027 6
2015	219	0.024 3	1.854 6	0.097 3	-0.180 1***	-0.032 5
2016	244	-0.013 5	0.979 9	-0.167 4***	0.136 0**	0.042 4
2017	244	0.098 9	0.484 7	0.003 9	-0.080 3	0.072 7
2018	243	-0.083 7	0.926 4	-0.007 4	0.029 2	0.074 0
2019	244	0.125 8	0.904 9	-0.028 4	-0.053 0	0.079 6
2020	243	0.076 9	1.056 0	-0.004 3	0.025 6	0.100 4

Panel B：CVX（×100）

分组	观测数	均值	标准差	ρ_1	ρ_2	ρ_3
全样本	1 437	26.13	10.48	0.973 6***	0.950 4***	0.928 6***
2015	219	43.61	12.73	0.956 0***	0.895 4***	0.844 8***
2016	244	25.01	7.881	0.974 7***	0.972 5***	0.961 3***
2017	244	15.03	2.630	0.939 0***	0.882 0***	0.826 5***
2018	243	24.86	4.452	0.869 8***	0.785 8***	0.705 3***
2019	244	23.59	6.244	0.949 9***	0.904 3***	0.864 5***
2020	243	26.44	5.823	0.868 7***	0.788 1***	0.701 6***

Panel C：ΔCVX（×100）

分组	观测数	均值	标准差	ρ_1	ρ_2	ρ_3
全样本	1 436	-0.009 3	2.345 3	-0.051 3*	-0.029 9	-0.040 3
2015	218	-0.039 2	4.387 8	0.184 6***	-0.118 1*	-0.097 2
2016	244	-0.033 2	1.488 8	-0.449 5***	0.161 5**	0.104 6

续表

分组	观测数	均值	标准差	ρ_1	ρ_2	ρ_3
2017	244	−0.009 1	0.854 8	−0.146 6**	−0.063 1	−0.044 9
2018	243	0.035 7	1.817 2	−0.142 3**	−0.053 5	0.124 4
2019	244	−0.037 4	1.688 5	−0.223 ***	−0.070 5	−0.043 4
2020	243	0.016 9	2.494 3	−0.203 8***	−0.070 9	−0.063 5
Panel D: Correlation coefficient（*Return* 和ΔCVX）						
分组	观测数	−2	−1	0	1	2
全样本	1 432	0.049 3*	0.003 5	−0.239 7***	−0.046 6*	0.034 5
2015	214	0.062 9	−0.135 9**	−0.312 9**	−0.036 1	0.092 6
2016	240	−0.085 9	0.149 2**	−0.279 6***	0.032 2	−0.050 6
2017	240	0.035 4	0.065 7	0.269 6***	0.005	−0.003 5
2018	239	0.045 7	0.103 7	−0.566 1***	−0.061 8	−0.035 5
2019	240	−0.032 3	0.194 ***	0.280 8***	−0.213 4***	−0.005 8
2020	239	0.139 3	0.131 1**	−0.183 8***	−0.019 4	−0.005 0

注：表中的 Return、CVX 和ΔCVX均以百分号为单位。***、**、*分别表示系数在 1%、5%和 10%的显著性水平下显著。

CVX 指数的周内行为模式

在研究了 CVX 指数的一些统计属性之后，本章进一步探究 CVX 指数是否包含季节性特征或者可预测性的模式。以ΔCVX 为因变量，以周一至周五为虚拟变量，构建如下回归：

$$\Delta CVX_t = \sum_{j=1}^{5} \alpha_j D_{j,t} + \varepsilon_t \qquad (5-18)$$

其中，j 表示星期几，例如 1 表示星期一。$D_{j,t}$是个虚拟变量，在第 j 天等于 1，而在其他时刻等于 0。该回归可以研究 CVX 指数在一周中的日变化，例如周一到周二的变化，是否是显著的。

回归结果在表 5 – 4 中展示。从全样本角度看，ΔCVX 在周一至周五均显著，但是结合子周期回归结果和调整后的拟合优度考虑，除周一和周二效应外，其他季节性的证据是微弱的。周一表现出显著的正效应，只有一个子样本没有发现该效应，说明 CVX 指数从周五至周一有明显的上升趋势。除 2015 年和 2018 年之外，周二表现出显著的负效应，说明 CVX 指数在周一升高后，在周二会趋于回落。该现象可以用投资者有限注意力理论解释。Dellavigna and Pollet（2009）发现投资者在周末容易被工作以外的活动分散精力，因而对市场的关注度相对较低。因此，在周五披露的盈余公告比起在周间的其他交易日披露的盈余公告，具有更低的即期反应和更高的延迟反应。在中国，为避免周内股市行情出现大幅波动，监管部门和上市公司倾向于在周五休盘后或周末公布重要信息。例如，银保监会和证监会通常在周五收市后举行例行发布会，中国人民银行和各部委常在周五盘后发布相关政策公告。这些增加了周一开盘前累积的信息量。投资者通常对这些信息的反应不敏感，因为注意力被其他事情分散。假期过后，投资者开始注意到这些堆积的信息，三天累积的信息量使得周一的波动率指数上升。周一过后，信息逐渐被吸收，投资者向理性回归，注意力更加集中，所以 CVX 指数在周二下降。

表 5 – 4　　　　CVX 指数的周内效应

分组	观测数	周一	周二	周三	周四	周五	$R^2(adj.)$
全样本	1 436	0.011 4***	– 0.004 3***	– 0.002 0**	– 0.003 1***	– 0.001 2*	0.056 6
		（5.54）	（ – 3.30）	（ – 2.21）	（ – 3.00）	（ – 1.82）	
2015	218	0.025 2***	– 0.004 0	– 0.009 6**	– 0.008 6*	– 0.003 6	0.067 1
		（2.58）	（ – 0.61）	（ – 2.22）	（ – 1.71）	（ – 0.78）	
2016	244	0.011 7***	– 0.003 6**	– 0.000 6	– 0.003 8*	– 0.005 2***	0.156 8
		（4.48）	（ – 2.24）	（ – 0.41）	（ – 1.72）	（ – 3.29）	

续表

分组	观测数	周一	周二	周三	周四	周五	$R^2(adj.)$
2017	244	0.005 8***	−0.002 7***	0.000 2	−0.002 5**	−0.000 9	0.110 1
		(4.77)	(−3.28)	(0.15)	(−2.10)	(−0.73)	
2018	243	0.004 1	−0.002 1	0.003 0	−0.002 8	−0.000 2	0.006 5
		(1.31)	(−1.00)	(1.55)	(−1.51)	(−0.06)	
2019	244	0.009 3**	−0.005 5***	−0.002 6*	−0.000 9	−0.002 5	0.078 8
		(2.44)	(−2.68)	(−1.92)	(−0.60)	(−1.55)	
2020	243	0.013 3**	−0.008 1**	−0.003 1*	−0.000 5	−0.000 5	0.066 3
		(2.39)	(−2.46)	(−1.73)	(−0.29)	(−0.15)	

注：此表报告了基于工作日虚拟变量的回归结果，回归方程式由公式（5−18）给出。表中报告了回归系数和经 Newey−West 修正的 t 统计量。***、**和*分别表示系数在 1%、5%和 10%的显著性水平下显著。

5.4.2 CVX 指数与收益率的杠杆效应

前文通过简单的统计性质研究，已初步发现 CVX 指数与上证 50ETF 对数收益率存在同期负相关性的证据。本部分通过构造回归，对两者的同期与跨期相关关系进行进一步的研究。

表 5−5 报告了回归结果。结果表明，在整个样本周期内，同期上证 50ETF 的对数收益率 r_t 与 ΔCVX_t 之间存在显著的负相关关系，即 β_0 显著为负，修正后的 t 统计量为 −2.22。β_0^{abs} 为正且高度显著，修正后的 t 统计量为 3.6，表明同期上证 50ETF 收益率与 ΔCVX_t 之间存在不对称关系，股票市场的负收益率对波动指数的变化影响比同样规模的正收益率带来的影响大得多。其他滞后期和领先期的系数在量级上远小于同期收益率，且不显著。ΔCVX_{t-1} 的系数并不显著，说明从整个样本角度看，ΔCVX 并不存在一阶自相关性。但是通过进一步观察子样本周期，可以发现这一结果是由 2015 年显著的正相关和 2016—2020 年显著的负相关

共同造成的。这一现象说明在正常情况下，ΔCVX 存在一阶负自相关性，但是在股灾期间，由于市场恐慌情绪高涨，ΔCVX 与滞后一阶正相关。这一发现也与表 5-3 的 ΔCVX 统计分析的结果相同。

子样本的结果与全样本类似，除了 2019 年和 2020 年外，负相关性均显著。除 2015 年外，其他年份 CVX 指数的变化和同期收益率存在显著的非对称关系。与此同时，几乎所有子周期的领先和滞后期系数都是不显著的，2019 年是一个特例，β_{-1} 显著为正，β_{+1} 显著为负，β_0 为正且不显著，三者的量级一样，表明在 2019 年，股票收益率对信息的反应速度有所延长。

以上结果为杠杆假说和波动率反馈假说提供了证据。然而，如前所述，这两种假设预测的因果关系是不同的。为了检验因果关系的方向，本章对不同的滞后长度和所有子样本进行了格兰杰因果关系检验，所有检验都显示，因果关系是从收益率到隐含波动率，而不是反过来。因此，本章的发现支持了杠杆假说。

表 5-5　CVX 日变动量与各期上证 50ETF 日对数收益率的回归结果

ΔCVX_t	α	β_{-2}	β_{-1}	β_0	β_0^{abs}	β_{+1}	β_{+2}	γ
全样本	-0.005 6***	0.098 9*	0.034 2	-0.324 9**	0.566 5**	-0.058 5	0.013 7	0.006 8
	(-4.17)	(1.66)	(0.32)	(-2.22)	(3.6)	(-0.54)	(0.24)	(0.10)
2015	-0.007 2	0.117 8	-0.069 8	-0.441 7**	0.393 2	-0.050 9	0.009 7	0.184 9***
	(-1.60)	(0.78)	(-0.37)	(-2.08)	(1.39)	(-0.25)	(0.09)	(3.01)
2016	-0.004 3***	0.005 6	0.100 0	-0.215 5**	0.490 2***	-0.022 4	-0.009 0	-0.074 8
	(-3.76)	(0.08)	(1.08)	(-2.06)	(3.33)	(-0.33)	(-0.09)	(-0.75)
2017	-0.001 8**	0.067 6	0.124 6	0.287 8***	0.220 9	0.007 0	0.013 6	-0.165 8**
	(-2.17)	(0.66)	(1.47)	(2.65)	(1.49)	(0.11)	(0.16)	(-2.14)
2018	-0.004 8***	0.121 0*	-0.018 0	-0.706 9***	0.433 2***	-0.093 3	-0.041 9	-0.207 8**
	(-2.80)	(1.68)	(-0.22)	(-8.15)	(3.13)	(-1.53)	(-0.67)	(-2.28)

续表

ΔCVX_t	α	β_{-2}	β_{-1}	β_0	β_0^{abs}	β_{+1}	β_{+2}	γ
2019	−0.005 8***	0.086 3	0.347 2***	0.207 7	0.595 7**	−0.249 0**	−0.041 8	−0.278 6**
	(−2.61)	(1.28)	(4.09)	(1.08)	(2.25)	(−2.14)	(−0.59)	(−2.03)
2020	−0.012 8***	0.368 **	0.215 4	−0.353 2	1.327 8**	−0.149 2	−0.052 2	−0.279 0***
	(−4.05)	(2.69)	(1.43)	(−1.38)	(4.01)	(−1.30)	(−0.58)	(−2.52)

注：此表给出了回归系数和经 Newey－West 修正的 t 统计量，回归方程式由公式（5－11）给出。***、**、*分别表示系数在 1%、5%和 10%的显著性水平下显著。

5.4.3 CVX 指数的预测能力

样本内预测

通过公式（5－12）计算得到已实现方差 RV，将 CVX 指数平方得到隐含方差 IV，并分别将这两个指标作对数变换和平方根变换得到非线性形式，主要变量的描述性统计结果由表 5－6 给出。通过观察主要统计指标，可以发现 RV 和 IV 的均值和标准差均较为接近，但是 RV 的偏度和峰度均大于 IV，说明已实现方差具有更厚的尾部。此外，将两者进行对数变换后，偏度和峰度都显著下降，二者的分布更接近正态分布，但严格来讲，均没有通过 Jarque－Bera 正态分布检验。通过观察自相关系数，可以发现两者和滞后阶均有正相关关系，说明存在长记忆性的特点。虽然两者均提供了上证 50ETF 收益率存在波动率聚集的证据，但是隐含方差的自相关性比已实现方差更强。通过 Ljung－Box 检验，进一步证实了上证 50ETF 存在波动率聚集的现象。此外，ADF 值表明所有序列都通过单位根检验，均是平稳的，可以直接进行建模。图 5－2 展示了隐含波动率和已实现波动率的时间序列图，两者存在较为明显的联动现象，为 CVX 指数具有预测能力提供了初步可能性的证据。

表 5-6　　已实现方差和隐含方差的描述性统计

变量	均值	标准差	偏度	峰度	最小值	最大值	ADF	ρ_1	ρ_2	ρ_3
RV	0.000 2	0.000 4	7.996 7	77.776 2	0.000 0	0.004 8	−15.2	0.781 9	0.643 5	0.635 9
LogRV	−9.432 2	1.026 2	0.661 0	0.893 0	−11.885 5	−5.329 9	−14.1	0.781 9	0.747 0	0.724 0
SqrRV	0.010 4	0.007 2	3.618 4	19.804 7	0.002 6	0.069 6	−13.7	0.800 3	0.734 9	0.706 5
IV	0.000 2	0.000 3	4.080 1	24.281 7	0.000 0	0.003 0	−5.78	0.954 4	0.894 2	0.854 5
LogIV	−8.719 7	0.857 5	0.238 9	−0.095 6	−10.860 2	−5.793 4	−3.66	0.982 0	0.966 1	0.952 8
SqrIV	0.014 1	0.006 6	1.728 9	4.918 6	0.004 4	0.055 2	−4.33	0.974 5	0.947 1	0.925 6

注：上证 50ETF 期权已实现方差和隐含方差的日度时间序列的描述性统计。上证 50ETF 的已实现方差是根据公式（5-12）计算而来。该描述性统计基于 2015 年 2 月 9 日至 2020 年 12 月 31 日整个样本期间共 1 437 个交易日。其中 Log 表示对数形式的方差，Sqr 表示平方根形式的方差。

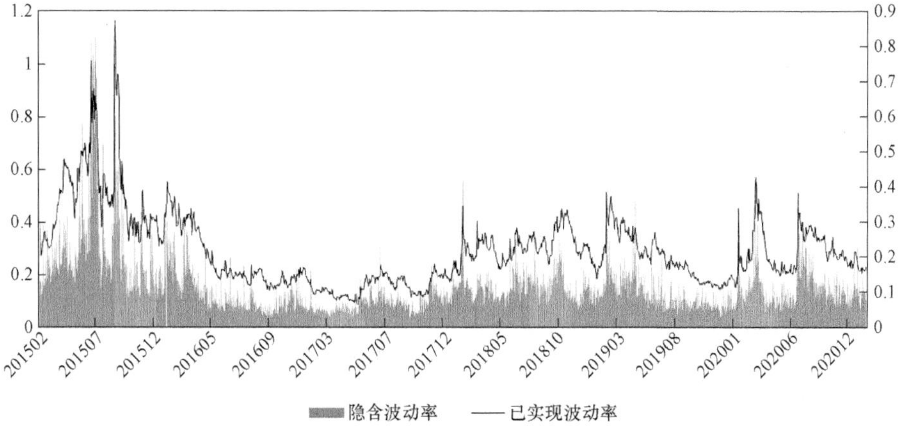

图 5-2　已实现波动率和隐含波动率

除了使用原始形式外，本章分别使用 $\sqrt{\cdot}$ 和 $\log(\cdot)$ 两种形式替换 *RV* 和 *IV*。表 5-7 给出了各模型在不同预测窗口下的样本内结果。首先，观察不同预测步长下的原始形式、标准差形式和对数形式的 HAR 模型的调整后的拟合优度，可以发现对数形式和标准差形式的模型设置可以在很大程度上增强拟合效果，从而印证了 Andersen et al.（2007）的结论。在绝大多数情况下，对数形式的 HAR 模型的拟合效果最好。所以，本章重点观察对数模型下的回归结果。

对于未来日波动率的预测结论如下（$n=1$）。首先，日和周已实现波动率能有效预测未来日波动率，但月已实现波动率对未来日波动率没有显著的预测效果。其次，只使用隐含波动率预测时，日和月隐含波动率能起到有效作用，但是预测精度相比 HAR－RV 的要小。最后，期权隐含波动率的加入有助于改善对未来日波动率的预测效果。在 HAR－RV－IV 模型中，隐含波动率的系数在 5% 显著性水平下显著为正，预测准确度提高 0.02%（标准差模型下为 1.13%）。

对于未来周波动率的预测结论如下（$n=5$，10）。首先，日、周和月已实现波动率均能有效预测未来周波动率。其次，单独使用隐含波动率预测时，周和月隐含波动率能有效预测，预测精度相比 HAR－RV 的要小。最后，期权隐含波动率的加入同样有助于改善对未来周波动率的预测效果。预测精度能够提高 0.94%～3.22%。值得注意的是，日期权隐含波动率部分地包括了周和月 RV 所具有的历史信息，因为期权隐含信息的引入导致周和月 RV 的系数不再显著或显著性降低。

对于未来月波动率的预测结论如下（$n=22$，66）。首先，日、周和月已实现波动率均能有效预测未来月波动率。其次，单独使用隐含波动率预测时，只有日隐含波动率具有预测效果。最后，期权隐含波动率的加入使得预测准确度能够提高 0.49%～6.45%。值得注意的是，日隐含波动率部分地包括了周 RV 所具有的历史信息，因为期权隐含信息的引入导致周 RV 系数不再显著或显著性降低。

总之，回归结果表明，CVX 指数具有显著的预测能力，将其加入预测模型可以显著提高模型的预测精度，但是整体预测精度随着预测步长的增加而下降；同时日 CVX 指数包含了预测已实现波动率的增量信息。

表 5-7　　　　　　　样本内 HAR 模型族预测结果

模型	β_0	β_1	β_5	β_{22}	γ	$R^2\ (Adj)$
Panel A：Horizon = 1						
HAR-RV	0.000 0**	0.506 7***	0.374 4*	-0.006 2		0.641 0
HAR-IV	-0.000 1*	1.131 3***	-0.138 3	-0.083 6		0.507 5
HAR-RV-IV	0.000 0	0.438 7***	0.302 1	-0.060 6	0.246 7**	0.651 0
HAR-RV（log）	-0.859 3***	0.300 7***	0.470 1***	0.146 5		0.686 2
HAR-IV（log）	-1.760 4***	1.238 1***	0.066 6	-0.425 9***		0.611 5
HAR-RV-IV（log）	-0.766 1***	0.273 6***	0.402 5***	0.010 3	0.256 8***	0.686 4
HAR-RV（sqrt）	0.000 9**	0.421 4***	0.425 6***	0.046 5		0.686 2
HAR-IV（sqrt）	-0.000 8	1.139 3***	-0.121 6	-0.220 0*		0.611 3
HAR-RV-IV（sqrt）	-0.000 1	0.361 3***	0.324 2***	-0.047 7	0.266 7***	0.697 5
Panel B：Horizon = 5						
HAR-RV	0.000 0**	0.433 1***	0.276 0	0.051 8		0.598 7
HAR-IV	0.000 0	0.880 3***	-0.058 4	0.016 8		0.518 3
HAR-RV-IV	0.000 0	0.344 2***	0.181 5	-0.019 4	0.322 6*	0.621 6
HAR-RV（log）	-1.171 7***	0.275 8***	0.379 6***	0.218 4***		0.718 5
HAR-IV（log）	-1.890 6***	1.056 1	0.082 6***	-0.285 9**		0.656 8
HAR-RV-IV（log）	-1.069 8***	0.246 2***	0.305 6***	0.069 0	0.281 3***	0.727 9
HAR-RV（sqrt）	0.001 6**	0.394 8***	0.327 9**	0.129 8*		0.683 8
HAR-IV（sqrt）	-0.000 3	0.959 1***	-0.069 2	-0.106 8		0.633 2
HAR-RV-IV（sqrt）	0.000 4	0.321 9***	0.204 6	0.015 3	0.324 3***	0.703 0

续表

模型	β_0	β_1	β_5	β_{22}	γ	R^2 (*Adj*)
Panel C：Horizon=10						
HAR－RV	0.000 1***	0.377 1***	0.109 0	0.162 7		0.441 0
HAR－IV	0.000 0	0.753 4**	−0.131	0.152 3		0.468 1
HAR－RV－IV	0.000 0	0.246 0**	−0.030 3	0.057 9	0.475 5**	0.498 7
HAR－RV（log）	－1.472 2***	0.234 0***	0.333 8***	0.271 2***		0.685 6
HAR－IV（log）	－2.085 2***	0.886 6***	0.134 3	−0.193 7*		0.632 1
HAR－RV－IV（log）	－1.374 3***	0.205 1***	0.263 1***	0.126 7*	0.271 5***	0.694 8
HAR－RV（sqrt）	0.002 3***	0.338 7***	0.236 4**	0.223 5**		0.604 8
HAR－IV（sqrt）	0.000 1	0.817 7***	−0.063 6	0.004 7		0.599 2
HAR－RV－IV（sqrt）	0.000 7	0.246 9***	0.082 3	0.079 7	0.406 7***	0.637 0
Panel D：Horizon=22						
HAR－RV	0.000 1***	0.229 7***	0.022 2	0.304 1***		0.344 5
HAR－IV	0.000 0	0.519 2**	−0.127 3	0.309 5		0.458 8
HAR－RV－IV	0.000 0	0.077 3	−0.139 8	0.182 7*	0.553 1**	0.447 0
HAR－RV（log）	－1.864 7***	0.204 0***	0.238 2***	0.351 4***		0.636 7
HAR－IV（log）	－2.385 5***	0.813 3***	−0.068 6	0.044 4		0.579 9
HAR－RV－IV（log）	－1.795 1***	0.183 7***	0.186 5**	0.248 3***	0.194 7**	0.641 6
HAR－RV（sqrt）	0.002 8***	0.264 4	0.107 4***	0.379 0***		0.549 6
HAR－IV（sqrt）	0.000 5	0.707 8***	−0.198 9	0.224 6		0.571 5
HAR－RV－IV（sqrt）	0.001 2	0.167 2***	−0.057	0.227 2**	0.431 6***	0.589 1

续表

模型	β_0	β_1	β_5	β_{22}	γ	R^2 (Adj)
Panel E：Horizon = *66*						
HAR－RV	0.000 1***	0.116 8**	0.040 8	0.256 0***		0.272 8
HAR－IV	0.000 0	0.311 5	−0.007 2	0.260 5		0.442 2
HAR－RV－IV	0.000 0	−0.033 8	−0.118 7	0.136 4*	0.545 6***	0.427 0
HAR－RV（log）	−3.081 1***	0.158 2***	0.150 0*	0.349 9***		0.514 0
HAR－IV（log）	−3.347 1***	0.579 2***	−0.045 2	0.138 8		0.487 6
HAR－RV－IV（log）	−3.001 6***	0.133 8***	0.090 1	0.229 9***	0.227 0**	0.521 8
HAR－RV（sqrt）	0.004 2***	0.173 5	0.104 0***	0.351 6***		0.455 0
HAR－IV（sqrt）	0.001 9**	0.493 3***	−0.057 1	0.208 7		0.519 8
HAR－RV－IV（sqrt）	0.002 3**	0.058 0	−0.087 5	0.173 7**	0.505 5***	0.519 5

注：此表报告了各种 HAR 模型在整个样本期间的回归结果，包括系数和调整后的拟合优度。***、**、*分别表示系数在 1%、5%和 10%的显著性水平下显著。

样本外预测

使用 MZ 模型进行样本外检验时，对于每个模型，本章参照 Hoang and Baur（2020）的研究，将初始估计窗口长度设置为 500，即利用前 500 个交易日的观测数据（2015 年 2 月 9 日至 2017 年 7 月 10 日）来估计模型参数，然后生成向前 1 步、5 步、10 步、22 步和 66 步预测。接着，本章使用滚动窗口对预测值进行更新，即在每一天之后，将当天的观测数据纳入其中，向前滚动并重新估计模型和进行预测。MZ 单变量回归的结果见表 5－8。*Panel A* 展示了单独使用 CVX 指数对于不同步长的已实现波动率的预测结果；*Panel B* 为 HAR－RV 模型预测的结果；*Panel C* 为加入 CVX 指数后 HAR－RV 样本外的预测结果。通过观察，可以发现 α_1 在除步长为 66 之外的所有情况下都显著不为 0，说明三个模型得到的预测值均包含未来已实现预测值的信息。通过对比拟合优度可发现，HAR－RV－IV 模型效果最好，说明 CVX 指数的加入可以显著提高 HAR 模型样本外的预测能力，但是此效果在长期的预测中逐渐消失。观察 α_0，可发现除了向前一天的预测之外，三个模型，不同步长的样本外预测结果均显示 α_0 显著不为 0，但是其量级很小。上述研究表明隐含波动率中的前瞻性信息可以提高已实现波动率的预测精度。

此外，通过比较 HAR－RV－IV 模型不同预测区间的结果，可以发现一个有趣的模式。对于向前一天的预测，发现调整后的拟合优度相对较低，约为 0.33。该值在 5 天（一周）的时间范围内达到大约 0.37 的最大值，随后下降，模型对三个月期已实现波动率几乎不具有预测能力。

表 5－8　　单变量 Mincer－Zarnowitz 回归结果

真实值	α_0	α_1	R^2 (*Adj*)
Panel A：HAR－IV			
RV－1	0.000 0 （0.682 3）	0.821 7*** （10.349 9）	0.296 9
RV－5	0.000 0* （1.795 4）	0.622 5*** （9.173 8）	0.269 8
RV－10	0.000 0*** （2.814 3）	0.509 3*** （7.347 0）	0.236 9
RV－22	0.000 1*** （5.168 5）	0.326 1*** （5.193 3）	0.106 9
RV－66	0.000 1*** （9.388 6）	0.068 2（1.043 8）	0.003 4
Panel B：HAR－RV			
RV－1	0.000 0（1.605 0）	0.942 9*** （15.020 4）	0.307 3
RV－5	0.000 0** （2.374 4）	0.698 8*** （12.423 6）	0.344 3
RV－10	0.000 0*** （3.147 9）	0.569 6*** （9.615 8）	0.267 4

续表

真实值	α_0	α_1	R^2 (*Adj*)
RV－22	0.000 1*** (4.895 1)	0.378 3*** (6.038 1)	0.131 4
RV－66	0.000 1*** (10.209 6)	－0.066 5(－0.872 8)	0.003 2
Panel C：HAR－RV－IV			
RV－1	0.000 0 (1.104 7)	0.968 3*** (14.868 0)	0.326 7
RV－5	0.000 0** (2.188 1)	0.722 0*** (12.796 6)	0.366 8
RV－10	0.000 0*** (3.132 5)	0.583 3*** (9.699 7)	0.282 3
RV－22	0.000 1*** (5.219 1)	0.378 0*** (6.277 8)	0.139 2
RV－66	0.000 1*** (10.729 1)	－0.005 27 (－0.079 6)	－0.001 3

注：此表报告了单变量回归结果，给出了系数、经 Newey－West 修正的 t 统计量和拟合优度。***、**、*分别表示系数在 1%、5%和 10%的显著性水平下显著。

包含回归的结果如表 5－9 所示。*Panel A* 中，若 α_1 显著，则表示 HAR－IV 模型的预测值包含有用的预测信息；若 α_2 显著，则表示 HAR－RV 的预测值同样包含预测已实现波动率的有用信息。结果表明，在几乎所有情况下，α_1 和 α_2 均显著，说明用 RV 和 CVX 指数进行预测得到的信息是相互包含的。再次证明 CVX 指数对已实现波动率具有预测能力。*Panel B* 中，若 α_1 显著，则表示 HAR－RV 模型的预测值包含有用的预测信息；若 α_2 显著，则表示 HAR－RV－IV 的预测值包含预测已实现波动率的有用信息。结果表明 α_2 显著，α_1 不显著，说明在对已实现波动率进行预测时，CVX 指数的加入使得 HAR 模型可以捕捉到更多波动率的信息，从而提高模型的预测精度，HAR－RV－IV 的预测值包含了 HAR – RV 的预测值的所有信息。

表 5–9　　包含回归结果

真实值	α_0	α_1	α_2	R^2 (*Adj*)
Panel A：HAR –IV（log）和 HAR –RV（log）				
RV – 1	0.000 0 （ –0.634 6）	0.442 6*** （3.330 1）	0.558 9*** （4.944 9）	0.334 3
RV – 5	0.000 0 （0.846 3）	0.272 3*** （2.569 9）	0.465 9*** （4.822 5）	0.364 9
RV – 10	0.000 0** （2.091 1）	0.207 4** （2.037 4）	0.392 9*** （4.122 8）	0.282 5
RV – 22	0.000 0*** （4.376 5）	0.101 9 （1.135 2）	0.292 7*** （3.032 5）	0.134 1
RV – 66	0.000 1*** （9.484 3）	0.253 8*** （2.537 7）	–0.251 5*** （ –2.564 0）	0.031 6
Panel B：HAR –RV（log）和 HAR –RV –IV（log）				
RV – 1	0.000 0 （1.424 8）	–0.835 3 （ –1.348 6）	1.791 0*** （2.833 0）	0.331 3
RV – 5	0.000 0** （2.272 3）	–0.429 9 （ –1.142 6）	1.146 2*** （3.036 5）	0.369 8
RV – 10	0.000 0*** （3.115 1）	–0.184 1 （ –0.663 4）	0.763 7*** （2.707 6）	0.282 5
RV – 22	0.000 1*** （4.937 9）	–0.084 9 （ –0.301 4）	0.459 9* （1.697 9）	0.136 1
RV – 66	0.000 1*** （10.823 6）	–0.336 0* （ –1.726 3）	0.307 0 （1.562 9）	0.018 5

注：此表报告了包含回归结果，给出了系数、经 Newey – West 修正的 t 统计量和拟合优度。***、**、*分别表示系数在 1%、5%和 10%的显著性水平下显著。

5.5　稳健性检验

5.5.1　变换滚动估计窗口的长度

Rossi and Inoue（2012）和 Inoue et al.（2017）强调，在实际应用中，选择不同的预测窗口大小会导致完全不同的样本外预测结果。因此，选择最优预测窗口大小在样本外评估中至关重要。为此，本章考虑另外两个初始估计窗口长度，分别为 250 和 700，并进行 MZ 单变量回归检验和包含回归检验，所得结果与前文结论基本一致，故没有进行展示。

5.5.2　变换预测能力评估指标

为全面客观地评估模型的预测精度，本章进一步使用损失函数进行预测能力的比较。众多学者研究表明，单一使用某种误差函数并不能很好地衡量误差。学术界往往结合多种损失函数进行预测精度的衡量，如 Hansen and Lunde（2005）使用了 7 种方式。本章主要使用如下三种损失函数进行样本外预测性能的检验，包括平均绝对误差（MAE）、均方根误差（RMSE）和高斯极大似然损失函数误差（QLIKE）：

$$MAE=\frac{1}{N}\sum_{t=T+1}^{T+N}|\widehat{RV_t}-RV_t| \tag{5-19}$$

$$RMSE=\sqrt{\frac{1}{N}\sum_{t=T+1}^{T+N}(\widehat{RV_t}-RV_t)^2} \tag{5-20}$$

$$QLIKE=\frac{1}{N}\sum_{t=T+1}^{T+N}\left(\frac{RV_t}{\widehat{RV_t}}-\ln\left(\frac{RV_t}{\widehat{RV_t}}\right)-1\right) \tag{5-21}$$

其中，N 为样本外的观测数目，RV_t 为上述 HAR 族模型的预测值。T 和 N 分别为估计窗长度和样本外评价窗的长度。MAE 是平均绝对误差，能够测量预测误差的平均绝对大小。$RMSE$ 在提供类似信息的同时，通过平方使较大的误差获得更高的权重。模型优异的预测效能体现为较

低的 *MAE*、*RMSE* 和 *QLIKE*。

为了比较模型的样本外预测能力，本章使用了 Diebold and Mariano（2002）提出的配对比较检验，即 DM 检验，该检验在相关研究中被广泛使用（如，Gong and Lin，2017；Liang et al.，2020）。DM 检验的定义可以表示为：

$$DM = \frac{\bar{d}}{\sqrt{Var(d_t)}} \tag{5-22}$$

其中，$\bar{d} = \frac{1}{N}\sum_{t=T+1}^{T+N} d_t$，$d_t = L_{A,t} - L_{B,t}$，$L_{A,t}$ 和 $L_{B,t}$ 分别表示 A 和 B 两个竞争模型的损失函数，T 和 N 分别为估计窗长度和样本外评价窗的长度。当样本量足够大时，DM 统计量近似服从标准正态分布。从 DM 检验的定义来看，负 DM 统计量表明 A 模型的损失函数值小于 B 模型，即 A 模型的预测精度大于 B 模型。

使用损失函数进行样本外预测效果检验时，本章使用滚动窗口和增量窗口两种方式对预测值进行更新，前者是在每一天之后，将当天的观测数据纳入其中，向前滚动并重新估计模型和进行预测；后者是将窗口的起始点固定为第一个观测，向后不断纳入新数据进行估计和预测。表 5－10 提供了 DM 检验的多步向前样本外预测评价结果，所使用的模型均为对数形式。左边两列为滚动窗口方法，右边两列为增量窗口方法。通过观察可以发现，增量窗口下，所有步长的 DM 值均显著为负，将隐含波动率加入 HAR 模型可以提高其预测精度。在滚动窗口方法下，除了预测步长为 66 步，几乎所有 DM 值都显著为负，这和 MZ 回归方法得出的结论一样，隐含波动率的加入会提高模型波动率预测的精度。

表 5－10　　DM 检验结果

方法	HAR－IV HAR－RV	HAR－RV－IV HAR－RV	HAR－IV HAR－RV	HAR－RV－IV HAR－RV
Panel A：Horizon = 1				
MAE	－6.580 1***	－7.997 3***	－14.758 4***	－15.986 3***

续表

方法	HAR – IV HAR – RV	HAR – RV – IV HAR – RV	HAR – IV HAR – RV	HAR – RV – IV HAR – RV
RMSE	– 0.955 3	– 1.781 3*	– 6.069 2***	– 6.887 6***
QLIKE	– 4.238 4***	– 5.302 8***	– 9.655 1***	– 11.393 2***
Panel B：Horizon = 5				
MAE	– 7.541 0***	– 9.782 0***	– 18.752 2***	– 22.219 9***
RMSE	– 3.903 5***	– 5.579 6***	– 12.251 ***	– 13.474 0***
QLIKE	– 6.972 9***	– 9.371 8***	– 16.967 ***	– 21.106 3***
Panel C：Horizon = 10				
MAE	– 6.277 3***	– 8.806 8***	– 17.766 5***	– 22.055 2***
RMSE	– 4.397 8***	– 6.196 0***	– 12.948 5***	– 14.835 9***
QLIKE	– 6.141 3***	– 8.809 7***	– 16.696 7***	– 22.188 3***
Panel D：Horizon = 22				
MAE	– 6.494 7***	– 7.738 4***	– 17.633 2***	– 21.481 8***
RMSE	– 5.292 5***	– 6.260 0***	– 14.125 8***	– 16.242 8***
QLIKE	– 8.056 1***	– 9.413 1***	– 17.520 4***	– 22.351 9***
Panel E：Horizon = 66				
MAE	– 1.705 8*	– 2.223 5**	– 12.012 8***	– 20.065 0***
RMSE	1.415 0	– 1.127 5	– 10.522 2***	– 14.887 9***
QLIKE	– 0.407 6	– 1.063 8	– 10.526 1***	– 20.434 5***

注：本表报告了 DM 检验的 1、5、10、22、66 步样本外预测评价结果，在这个表中，本章使用了不同的损失函数，即 MAE、RMSE 和 QLIKE。DM 统计量及其 p 值的报告基于三个损失函数：MAE、RMSE 和 QLIKE。负 DM 统计量表明，具有 IV 信息流的模型具有较好的样本外预测性能。左边两列为滚动窗口预测结果，右边两列为增量窗口预测结果，初始估计窗口长度为 500。*、**、***分别表示在 10%、5%和 1%显著性水平下拒绝原假设。

5.6 本章小结

本章旨在探讨中国期权市场的隐含波动率的行为特征和信息含量。具体而言，本章借鉴 Whaley（2000）的方法构建了上证 50ETF 期权的隐含波动率指数，将其简称为 CVX 指数，并探究了其与同期上证 50ETF 收益率的“杠杆效应”以及“周内效应”。进一步，本章重点探究了 CVX 指数在样本内和样本外对未来已实现波动率预测精度的改善和提高能力。在评估隐含波动率对已实现波动率的预测效果时，本章基于 HAR 族模型，通过将隐含方差加入 HAR 模型来探究 CVX 指数在预测波动率时是否包含增量信息。为评估单个波动率预测的效果，本章采用 MZ 回归和包含回归检验，以探讨基于隐含方差的预测值是否包含了基于滞后阶已实现方差预测的所有信息。

实证结果显示，CVX 指数包含了关于股票市场收益率和已实现波动率的重要信息。对于股票市场收益率，本章观察到 CVX 指数与上证 50ETF 的对数收益率存在负向且非对称的同时期关系，即负收益率时隐含波动率的增加要大于正收益率时隐含波动率的减少。在预测未来已实现波动率方面，结果表明 CVX 指数包含了对提高样本内和样本外预测效果的重要信息。在样本内，本章发现在 HAR – RV 模型中加入隐含方差能够显著地提高模型的拟合能力，表明隐含波动率包含预测已实现波动率的重要信息。在样本外，CVX 指数同样起到重要的作用。虽然在对已实现方差进行预测时，长记忆性模型和已实现方差滞后阶自身是最重要的部分，但是 CVX 指数包含的前瞻性信息能够起到锦上添花的作用，MZ 回归和包含回归检验证实了这一点。

综上所述，从样本内表现和样本外预测结果来看，本研究得出结论，CVX 指数相对于 HAR – RV 模型对中国股票市场的预测增加了增量信息。研究结果将有助于学者建立理论和实证模型来研究中国股票市场行为，也能帮助使用波动率预测进行投资决策的从业者。投资者可以利用 CVX 指数衡量市场波动或情绪，并据此做出投资决定。

第 6 章　期权隐含信息在投资组合优化中的应用研究

6.1　引　　言

前述章节的内容表明，虽然我国期权市场起步较晚，但是近年来发展却十分迅速，交易量逐年上升，投资者人数稳步增长。2020 年，上证 50ETF 期权合约全年累计成交已经达到 5.19 亿张，投资者账户总数达到 48.97 万户，而这一数字在 2015 年分别是 0.23 亿张和 8.16 万户。由此可见，期权已经成为投资者日益重视的投资品种。与远期、期货等衍生工具不同，期权的非线性损益结构使得其在风险管理、投资组合方面具有独特优势。期权价格深受标的资产的波动率、偏度以及峰度等高阶矩的影响，因此，不同于股票及债券价格，期权价格中蕴含着丰富的高阶矩信息，这些隐含信息直接反映了投资者对未来的预期。从第 4 章的内容可知，利用期权合约构建的隐含波动率价差指标能够对隔夜收益率具有显著的预测能力；从第 5 章的内容可知，利用期权合约构建的隐含波动率指数能够提高对上证 50ETF 的已实现波动率的预测精度。这两章的内容分别从收益率和波动率预测的角度探究了期权市场的隐含信息，本质上侧重于统计意义上的显著性，缺乏经济含义的挖掘以及在实际应用方面的考察。鉴于此，本章考虑投资组合问题，属于市场预测内容的延伸。

如何根据各类市场信息来构建最优的投资组合模型一直是金融界的经典问题，Fleming et al.（2001）、Fleming et al.（2003）和 Marquering and Verbeek（2004）的论著是最早探究收益率和波动率择时策略的文献，后续相关文献按照配置的风险资产数量可以分为以下两种类型。首先是单风险资产的配置问题。这类问题的核心在于通过提高对未来市场波动水平的预测精度，从而达到增强投资组合业绩的目的。Kostakis et al.(2011)从期权隐含信息的角度出发，发现经过风险调整后的隐含分布能够更好地反映市场未来的状态，从而有助于改进市场组合的业绩表现。Nolte and Xu（2015）和 Wang et al.（2019）则是通过改进波动率预测模型从而增强波动率择时策略的收益表现。其次是多风险资产的配置问题。这类问题研究的方向之一是通过完全使用期权数据实现对方差协方差矩阵的估计，要达成这一目标的前提条件是需要市场中同时具备指数及其成分股的期权合约。Kempf et al.（2014）以道琼斯指数的成分股为资产池，通过假定个股之间具有相等的相关系数，发现在完全利用期权隐含信息的条件下构造的最小方差组合的业绩表现，要优于完全基于历史数据构造的最小方差组合以及市值加权和等权重组合，且在市场处于危机时，效果更加明显。承接前述章节的内容，本章首先考虑单风险资产的配置问题，进而考虑多风险资产的配置问题。

在单风险资产的配置上，收益率和波动率的预测研究均可以用于择时策略之中。但由于第 4 章构建的隐含波动率价差对收益率的预测能力仅体现在隔夜时段，在日度时段并不显著，无法进一步构建收益率择时策略，因此本章基于第 5 章的波动率预测模型构建择时策略，从而实现市场组合和无风险资产的优化配置。具体地，首先考虑一个具有均值—方差偏好且短视的投资者的效用最大化问题，通过理论推导求得基于目前的市场信息该投资者在下一期的最优资产配置比例的表达式；其次，利用第 5 章构建的三个波动率预测模型，即 HAR－RV、HAR－IV 和 HAR－RV－IV，估计下一期市场的方差水平，进而求得该投资者的最优资产权重；最后，使用持有期的平均效用水平作为投资组合业绩的评价标准。当预期未来市场波动水平上升时，投资者会减少在市场组合的配置比例；当预期未来市场波动水平下降时，投资者会增加在市场组合的配置比例。因此，一个对未来市场波动水平预测更加精确的模型，会取得更高的收益。

在多风险资产的配置上，虽然国内并没有个股期权的合约，无法实现完全利用期权隐含信息估计方差协方差矩阵，但考虑到个股所面临的风险包括系统性风险和非系统性风险两大部分，本章试图将ETF期权的隐含信息融入方差协方差矩阵的估计中，从而取得更好的业绩表现。具体地，通过市场模型求得个股方差和市场方差的联系，而市场方差使用上证 50ETF 期权的隐含波动率衡量，其他变量则使用历史数据进行估计，最终得到半历史半隐含的方差协方差矩阵。在资产组合模型的选择上，本章使用最小方差组合，并没有使用马科维茨提出的著名的均值方差模型。原因在于，在实际应用中，马科维茨模型仍存在许多问题：使用历史数据进行的估计所存在的误差使得结果不够稳定；模型需要的预期收益率难以估计等。而最小方差组合的实现不需要对预期收益率进行估计，只需要完成方差协方差矩阵的估计即可。同时，本章还考虑了如下四个对照投资组合：使用全历史信息的最小方差组合、等权重组合、市值加权组合和被动的市场指数。使用持有期内的平均收益率和平均标准差作为投资组合的业绩评价指标。

本章的创新之处体现在以下两点：首先，上一章的实证结果虽然表明 HAR－RV－IV 模型对已实现波动率的预测效果无论是在样本内还是在样本外都取得了最高的精度，但是这并不意味着在实际的资产配置中能得到显著的经济价值。本章将其应用于单风险资产的配置中，结果发现基于 HAR－RV－IV 模型的资产配置能够让投资者实现最大的效用水平，从而验证了其在经济意义上的显著性。其次，本章还试图将市场层面的隐含波动率用于方差协方差矩阵的估计中，以期能够改善风险资产的配置效果。虽然实证的结果表明，这种尝试在全样本下并没有得到显著结果，但是却能够在高波动的市场阶段得到显著的改善。总之，本章的研究结论对机构和个人投资者都有一定的借鉴意义。

本章的结构安排如下，第二部分给出理论与模型，第三部分展示实证结果，第四部分是本章小节。

6.2 理论与模型

本节的理论与模型包括如下的两个部分：首先介绍单风险资产的配置理论，详细阐述在第 5 章波动率预测的基础上，实现上证 50ETF 和无风险资产之间优化配置的原理和方法；然后推广至多风险资产的情形，介绍如何使用期权隐含波动率完成对风险资产的方差协方差矩阵的优化，从而实现上证 50 指数成分股的优化配置。

6.2.1 单风险资产配置问题

在本章中，通过构建一个波动率择时策略来考察波动率预测模型在实际中的应用与经济含义。考虑一个具有均值—方差偏好且短视的投资者在无风险和风险资产之间的配置问题，这里的风险资产是追踪大盘指数的 ETF，即上证 50ETF。该投资者需要根据此时的市场条件，确定下一期最优的资产配置比例，从而实现自身的效用最大化。因此，面临如下的投资组合问题：

$$\max\ U[E_t(r_{p,t+1}),Var_t(r_{p,t+1})]=E_t(r_{p,t+1})-\frac{\gamma}{2}Var_t(r_{p,t+1}) \tag{6-1}$$

其中，$U(\cdot)$是该投资者的效用函数，$E_t(\cdot)$是条件期望，$Var_t(\cdot)$是条件方差，γ是风险厌恶系数，$r_{p,t+1}$是投资组合在$t+1$期的收益率。如果将$t+1$期的无风险收益率记为$r_{p,t+1}$，风险资产的收益率记为$r_{m,t+1}$，在t期已经确定的风险资产的权重记为w_t，则有：

$$r_{p,t+1}=w_t r_{m,t+1}+(1-w_t)r_{f,t+1} \tag{6-2}$$

对式（6－2）取条件期望和条件方差，可得：

$$E_t(r_{p,t+1})=w_t E_t(r_{m,t+1})+(1-w_t)r_{f,t+1} \tag{6-3}$$

$$Var_t(r_{p,t+1})=w_t^2 Var_t(r_{m,t+1}) \tag{6-4}$$

将式（6－3）和式（6－4）代入式（6－1），可以发现该投资者实际上面临一个二次函数的最优化问题，因此可以求得风险资产的最优权重：

$$w_t^* = \frac{E_t(r_{m,t+1}) - r_{f,t+1}}{\gamma Var_t(r_{m,t+1})} \tag{6-5}$$

从上式可以看出，最优的风险资产权重受到预期收益率 $E_t(r_{m,t+1})$、预期方差 $Var_t(r_{m,t+1})$ 和投资者的风险厌恶系数 γ 的影响。参考 Nolte and Xu（2015）的做法，本章将 $E_t(r_{m,t+1})$ 固定为样本均值；γ 的取值设置为 2、6 和 10；而 $Var_t(r_{m,t+1})$ 则使用上一章三个波动率模型给出的预测值。因此，该投资者每天都需要根据波动率的预测值调整其资产组合中风险资产的配置比例。当预期未来市场方差增加时，风险厌恶的投资者会减少在风险资产中的配置比例；而预期未来市场方差减少时，风险厌恶的投资者会增加在风险资产中的配置比例。一个能够给出更加精确的波动率预测的模型，择时策略的表现预计会更好。

在具体实施时，首先需要施加卖空约束，即当求解的风险资产权重小于 0 时，将其设置为 0；当求解的风险资产权重大于 1 时，将其设置为 1，从而保证风险资产和无风险资产的权重均介于 0 和 1 之间。其次，由于估计出的已实现方差 $\widehat{RV}_{t+1}$ 对应的是日内交易的 4 小时区段，而 $Var_t(r_{m,t+1})$ 对应的是 24 小时区段的方差水平，因此需要用到下面的修正系数进行时间上的匹配：

$$BCF = \frac{\sum_{t=1}^{n} r_t^2}{\sum_{t=1}^{n} RV_t} \tag{6-6}$$

其中，n 是样本的观测数量。因此，$Var_t(r_{m,t+1})$ 和未来已实现方差的预测值具有以下的关系：

$$Var_t(r_{m,t+1}) = BCF \times \widehat{RV}_{t+1} \tag{6-7}$$

为了比较基于不同波动率预测模型构建的投资组合的业绩表现，本章给出如下的评价指标。首先，可以计算整个持有期内投资者的平均效用水平：

$$\bar{U}=\frac{1}{T}\sum_{t=0}^{T-1}\left[r_{p,t+1}-\frac{\gamma}{2}Var_t(r_{p,t+1})\right] \tag{6-8}$$

其中，$Var_t(r_{p,t+1})=w_t^2Var_t(r_{m,t+1})=w_t^2BCF*RV_{t+1}$。在交易日 $t+1$，投资者基于波动率择时策略 p 与基准策略 bm 的实际效用水平之差如下所示：

$$\Delta_{t+1}=\left[r_{p,t+1}-\frac{\gamma}{2}Var_t(r_{p,t+1})\right]-\left[r_{bm,t+1}-\frac{\gamma}{2}Var_t(r_{bm,t+1})\right] \tag{6-9}$$

然后，对持有期内投资者的实际效用水平之差的序列进行统计显著性检验。若其显著大于 0，则意味着策略 p 要优于基准策略 bm；反之，则不能认为策略 p 相对基准策略 bm 得到了改进。此外，还可以通过整个持有期内投资组合的平均收益率、标准差和夏普比率等进行综合评价。本章在进行投资组合业绩评价时，展示的是投资者在持有期内的平均效用水平之差。

6.2.2 多风险资产配置问题

在对个股进行投资决策时，需要考虑宏观经济基本面、行业发展前景和公司层面的盈利和管理能力。总的来说，个股面临的风险可以分为系统性风险和非系统性风险两大部分。在研究过 ETF 和无风险资产的配置问题后，如何将期权隐含信息应用到以个股为代表的风险资产的配置中是一个有意义的研究话题。由于国内市场缺乏个股期权，无法完全使用期权数据实现对方差协方差矩阵的估计，那么仅靠 ETF 期权能否优化方差协方差矩阵的估计呢？考虑到市场模型刻画了个股和市场指数收益率的关系，借助此模型可以得到个股方差和市场方差的联系，从而将市场的隐含波动率纳入方差协方差矩阵之中。下面，本节将对具体的思路和步骤进行详细的介绍。

在估计方差协方差矩阵时，首先做出如下假定：一组资产 i 的收益率与市场的收益率遵循时变系数的市场模型：

$$R_{it}=\alpha_{it}+\beta_{it}R_{mt}+\varepsilon_{it},\forall i=1,\cdots,N. \tag{6-10}$$

其中，R_{it} 为第 i 个资产在第 t 期的收益率，R_{mt} 为市场在第 t 期的收益率，ε_{it} 为零均值误差项，且与市场收益率 R_{mt} 不相关，对于任意两个资产 i 和 j，ε_{it} 与 ε_{jt} 不相关，α_{it} 和 β_{it} 为该模型的参数。在市场模型的假定下，资产 i 和 j 之间的协方差便只由两个资产的 β 系数和市场方差 $Var(R_{mt})$ 决定：

$$Cov(R_{it},R_{jt})=\beta_{it}\beta_{jt}Var(R_{mt}),\forall i\neq j. \tag{6-11}$$

在本章中，市场指数是上证 50 指数，编制该指数的 50 个成分股便是考虑的资产池。式（6－11）中的市场方差 $Var(R_{mt})$ 可由上证 50ETF 期权价格的无模型隐含方差 $V(t,T)$ 得到，β 系数可使用历史数据由式（6－10）回归得到，单个资产收益率的方差也由历史数据求出。由此，便可得到半历史半隐含的方差协方差矩阵，将其记为 imv_MVP。关于无模型隐含方差的计算方法将在下一节中进行介绍。

由于最小方差组合是最容易求解，也是最常见的多风险资产配置策略，因此本章选择最小方差组合来求解各风险资产的权重。在实证中，如果进行卖空限制，投资组合策略往往会得到更好的业绩表现（Jagannathan et al.，2003）。因此在计算最小方差组合的权重时，本章同样进行卖空限制，使用线性二次规划的方法求解权重：

$$\begin{aligned}\min_w \quad & w^T\sum w,\\ \text{s.t.} \quad & w^T e=1;\\ & w_i\geqslant 0,i=1,\cdots,N\end{aligned} \tag{6-12}$$

其中，w 为资产池的权重列向量，Σ 为资产池的方差协方差矩阵，e 为元素全为 1 的列向量，w_i 为权重列向量 w 的第 i 个分量，即第 i 个资产的权重。

为了更好地分析应用期权隐含信息的最小方差组合是否有更好的业

绩表现，本章同时设置四种基准组合与其进行比较。第一种为等权重组合（pass_1/N），即在构造投资组合时，资产池中的所有个股的权重都相等；第二种为市值加权组合（pass_CW），即在构造投资组合时，资产池中个股的权重等于流通市值占总流通市值的比重；第三种为被动跟踪上证 50 指数的组合（pass_50），投资组合即为上证 50 指数；第四种为完全利用历史数据构造的最小方差组合（hist_MVP）。通过将应用期权隐含信息和完全使用历史数据的最小方差组合进行比较，可以判断期权隐含信息在投资组合优化中是否起到改进作用；与其他三种常见的投资策略进行比较，可以进一步判断经过期权隐含信息优化后的最小方差组合在实际中的应用价值。

6.2.3 无模型隐含波动率的计算方法

隐含波动率的计算通常有两种方法，一种是基于模型的方法，比如通过反解 B－S－M 公式得到的隐含波动率，但由于期权定价模型通常做出与现实不符的严格的假设条件，因此通过模型的方法求得的隐含波动率会面临模型风险。另一种是无模型的方法，该方法不仅会避免模型风险，而且还可以将同一到期日不同行权价的期权隐含信息进行加总。本章采用 Bakshi et al.（2003）的方法计算无模型隐含波动率（MFIV）。具体来说，从当前 t 时刻到未来 T 时刻这段时间内标的资产的无模型方差 $V(t,T)$，可由一系列虚值看涨和看跌期权的价格进行计算：

$$V(t,T)=\int_0^{S(t)}\frac{2\left(1+\ln\left[\frac{S(t)}{K}\right]\right)}{K^2}P(t,T;K)dK+\int_{S(t)}^{\infty}\frac{2\left(1-\ln\left[\frac{K}{S(t)}\right]\right)}{K^2}C(t,T;K)dK \tag{6-13}$$

其中 $C(t,T;K)$ 和 $P(t,T;K)$ 为在 T 时刻到期，执行价格为 K 的看涨和看跌期权在当前 t 时刻的价格。在市场交易中，执行价格 K 的数量是有限的，如果直接使用这些有限数量的 K 对式（6－13）的数值积分进行计算，便会产生离散化误差。因此，为了减轻离散化误差对式（6－13）计算产生的不利影响，对于给定的到期期限 T，本章使用三次样条对波动率微笑曲线进行插值，具体的计算步骤如下。

首先，在 t 时刻可以得到到期时刻为 T 的不同执行价的虚值看涨和看跌期权的数据。一般情况下，对于给定到期日 T 会有 4 到 5 个虚值期权数据。

接着，本章对 Shibor 利率进行插值得到利率期限结构，进而求得期权对应期限的无风险利率。然后将已有的虚值看涨和看跌期权价格反解 B－S－M 公式得到对应的 B－S－M 隐含波动率，形成“K－IV”这样的一一对应关系。在 Kmin 和 Kmax 范围内进行三次样条插值，在 Kmin 和 Kmax 范围外进行水平外推。由此，可以得到一条 IV 关于 K 的连续曲线，即波动率微笑曲线。

最后，在 K 取值为（0.3S，3S）的区间范围内选取 1000 个等间距点，将这些点对应的 IV 代入 B－S－M 公式得到对应的期权价格。因为式（6－13）使用的都是虚值期权，所以将 K 小于 S 的部分代入看跌期权 B－S－M 公式，将 K 大于 S 的部分代入看涨期权 B－S－M 公式，将计算得到的 1 000 个期权价格代入式（6－13），并用数值积分的方法得到：

$$V(t,T)=\sum_{K_i=0.3S}^{S}\frac{2\left(1+\ln\frac{S}{K_i}\right)}{K_i^2}P(t,T;K_i)\Delta K_i+\sum_{K_i=S}^{3S}\frac{2\left(1-\ln\frac{K_i}{S}\right)}{K_i^2}C(t,T;K_i)\Delta K_i \tag{6-14}$$

其中，K_i 为第 i 个行权价，ΔK_i 为间距值。由此便可以根据式（6－14）计算出无模型方差，进而得到无模型隐含波动率 MFIV：

$$MFIV(t,T)=\sqrt{V(t,T)} \tag{6-15}$$

为了直观地进行比较，本章实证部分计算的所有指标均进行了年化处理。

6.3 实证研究

6.3.1 数据选取

本章的实证数据涵盖的区间范围从 2015 年 2 月 9 日到 2019 年 12 月 31 日，共计 1194 个交易日。每个交易日需要的数据有：上证 50ETF 期权的合约代码、到期日、执行价格、期权价格、标的价格以及无风险利率，数据来源于 Wind 和锐思数据库。此外，本章的股票及上证 50 指数日行情数据来源于国泰安数据库。在此期间，由于上证 50 指数的成分股一共进行了 11 次调整，因此参与过成分股组成的股票共有 90 个。由于本章使用的数据几乎与前述章节相同，因此与本章数据相关的描述性统计结果可参考前述章节的表格。

在每个交易日，期权合约通常会有 4 个不同的到期期限。一般情况下，距离到期日较近的期权合约交易会更加活跃，包含的市场信息就会更多。因此，每个交易日选择距离到期日最短的期权合约进行无模型隐含波动率的计算，其结果走势如图 6-1 所示。

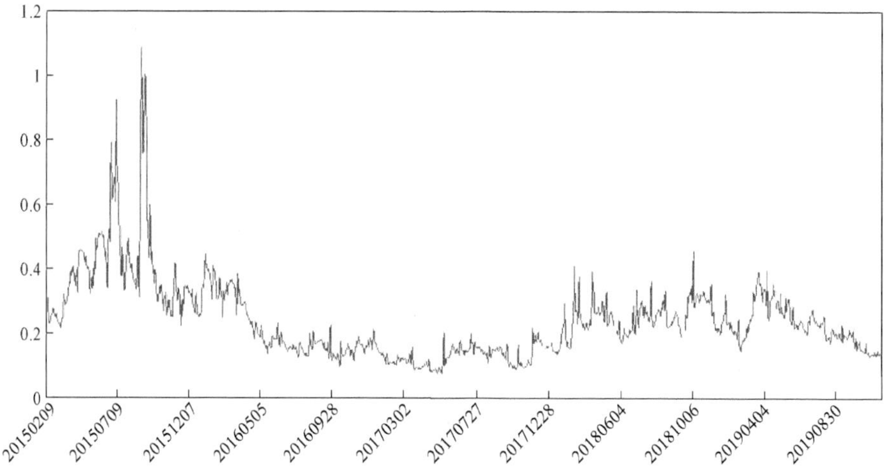

图 6-1　MFIV 走势图

从图 6－1 中可以看出，在 2015 年 6 月到 2015 年 8 月这段时间，计算出的 MFIV 出现异常高的值。这是因为在这段时期内，中国股市由于股价泡沫、高杠杆等原因导致了较为严重、影响较大的股灾。由此也可以看出，无模型隐含波动率是能够有效捕获市场异常状况的。

6.3.2　单风险资产配置

首先是单风险资产配置的实证检验，这里探究的是上证 50ETF 和无风险资产的配置问题。在每个交易日，使用第 5 章的三个波动率预测模型，分别是 HAR－IV、HAR－RV 和 HAR－RV－IV 对下一日的市场波动水平进行预测，根据预测结果计算并调整投资者的资产配置比例，最后通过比较投资者在持有期的平均效用水平来确定最优的波动率预测模型和资产配置策略。为了确保实证结果的稳健性，本章除了使用原始形式的 HAR 模型外，还使用其平方根和对数形式，同时将投资者的风险厌恶程度 γ 依次设置为 2、6 和 10。

为了便于比较并给出统计上的显著性，表 6－1 展示了平均效用水平之差。从中可以得到以下结论：首先，两两模型的效用水平之差均显著为正，说明基于 HAR－RV－IV 模型构建的单风险资产配置可以让投资者取得更高的效用水平，原因在于 HAR－RV－IV 模型在波动率预测精度方面要优于 HAR－IV 和 HAR－RV，该模型给出的预测值要比其他两个模型包含更多的信息含量；其次，横向观察可以发现，随着投资者风险厌恶水平的增加，即 γ 取值的增大，HAR－RV－IV 模型的效用提高程度在下降，原因在于根据式（6－5）可知，γ 取值越大，投资者在风险资产的配置比例越低，这将削弱 HAR－RV－IV 模型在波动率预测方面的优势；最后，纵向观察可以发现，使用平方根和对数形式的 HAR 模型，两两模型的效用水平之差要更大，原因在于非线性的 HAR 模型对波动率预测精度的提高要更大。总之，本节的实证结果表明，加入隐含波动率的 HAR－RV－IV 模型不仅可以取得更高的波动率预测精度，而且基于该模型构建的波动率择时策略能够让投资者获得更高的效用水平，因此，该模型同时具备统计和经济意义上的显著性。

表 6-1　　　　上证 50ETF 和无风险资产配置结果

波动率预测模型	$\gamma=2$	$\gamma=6$	$\gamma=10$
HAR-RV-IV vs HAR-IV	0.004 8** (0.021 5)	0.003 4** (0.047 3)	0.001 7* (0.082 4)
HAR-RV-IV vs HAR-RV	0.004 3** (0.018 2)	0.002 6** (0.044 6)	0.001 0** (0.032 0)
HAR-RV-IV vs HAR-IV (sqr)	0.005 6*** (0.001 4)	0.004 1*** (0.005 8)	0.002 3** (0.029 7)
HAR-RV-IV vs HAR-RV (sqr)	0.005 2*** (0.001 9)	0.004 0** (0.016 2)	0.001 8** (0.048 6)
HAR-RV-IV vs HAR-IV (log)	0.006 4*** (0.004 5)	0.004 7*** (0.003 2)	0.002 5* (0.051 8)
HAR-RV-IV vs HAR-RV (log)	0.006 1*** (0.003 7)	0.004 5** (0.022 1)	0.002 2** (0.013 7)

注：本表展示了使用上一章的三个波动率预测模型进行单风险资产配置的结果，其中 γ 为投资者的风险厌恶程度，sqr 和 log 分别代表平方根和对数形式的 HAR 族模型，括号中为 p-value，*、**、***分别代表 10%、5%、1%的显著性水平。

6.3.3　多风险资产配置

接下来是多风险资产配置的实证检验，这里探究的是上证 50 指数成分股的配置问题。根据理论基础部分的介绍，在每个交易日使用距离到期日最近的一系列虚值看涨和看跌期权计算 MFIV 并构造出半历史半隐含的最小方差组合及另外四种基准投资组合，将这 5 种投资组合持有至期权到期日并计算各投资组合在持有期内的年化收益率和年化标准差，这也是后续本章评价投资组合绩效的两个指标。

下文中，首先考虑对 2015—2019 年得到的全时间段投资组合数据进行比较分析，结果表明隐含信息并没有改善投资组合绩效的作用。进一步，本章参照 Alexander et al.（2014）提出的在市场危机时期，隐含信息对最小方差组合的优化效果更加明显的观点，将实证区间细分为市场波动剧烈时期和市场平稳时期，进行投资组合的绩效比较。

通过观察图 6-1 可知，在股灾期间的 MFIV 通常是大于 0.4 的，因此本章将 MFIV 大于 0.4 的时期定义为市场波动剧烈时期；而之后的平稳时期的 MFIV 大多是小于 0.2 的，因此本章选择 0.2 作为市场平稳时期的 MFIV 上限。

全时间段实证分析

根据 2015—2019 年的数据，本章一共构建了 1 163×5 个投资组合，筛掉非正定方差协方差矩阵的情况[①]，一共得到 826×5 个投资组合的年化收益率和年化标准差。表 6-2 展示了 5 种投资组合的年化平均收益率（$\overline{R}$）和年化平均标准差（$\overline{\sigma}$），括号内为该投资组合与 imv_MVP 组合的配对 *T* 检验的 *P* 值。

表 6-2　　全时间段投资组合的年化平均收益率和标准差

	$\overline{\sigma}$	$\overline{R}$
imv_MVP	0.152 2	0.041 9
hist_MVP	0.151 2* （0.052 4）	0.048 9 （0.117 3）
pass_1/N	0.194 8*** （0.000 0）	-0.041 7*** （0.000 5）
pass_CW	0.175 5*** （0.000 0）	0.005 0** （0.041 9）
pass_50	0.190 5*** （0.000 0）	0.015 8*** （0.005 1）

注：括号中为 p-value，*、**、***分别代表 10%、5%、1%的显著性水平。

从表 6-2 可知，imv_MVP 和 hist_MVP 这两种最小方差组合的表现优于所有被动策略的组合，MVP 的年化平均标准差显著低于被动策略，而年化平均收益率却显著高于被动策略。半历史半隐含的最小方差组合

① 正定的方差协方差矩阵是构建最小方差组合的前提条件。

(imv_MVP)与完全基于历史数据构造的最小方差组合(hist_MVP)的波动率及收益率在 5%的显著性水平下并没有显著不同,且 imv_MVP 的平均收益率要稍小于 hist_MVP,由此本章得出期权隐含信息并不能优化最小方差组合的结论。

在前文中,曾提到 2015 年出现过一次股灾,期权作为一种风险规避的金融工具,在市场恐慌情绪大的时候交易量也会更多。因此,理论上,在市场波动率高的时间段,期权隐含波动率应该含有更多的信息量,则应用其构建的投资组合表现应该会更好。在 2015 年股灾结束后一段时间,市场的隐含波动率较低,没有较大的波动,说明市场比较平淡,所以这段时间的期权隐含波动率信息含量较少,从而无法达到优化投资组合的目的。而将这些时间段合并起来进行验证,可能会削减期权隐含信息的优化作用,从而得到期权隐含信息并不能优化最小方差组合的结论。为了对此进行验证,本章按照 MFIV 的取值将实证区间细分为市场波动剧烈时期和市场平稳时期,进行投资组合的绩效比较。

市场波动剧烈时期分析

为了观察市场危机时期的情况,本章筛选出在 MFIV 大于 0.4 的交易日构建的投资组合,大部分集中在 2015 年 6 月到 9 月的股灾时期。表 6-3 展示了这 5 种投资组合的年化平均收益率($\overline{R}$)和年化平均标准差($\overline{\sigma}$)。从中可以看出,在市场危机时期,所有投资组合的平均收益率都为负,这符合现实逻辑。对比隐含最小方差组合与被动策略组合,隐含最小方差组合在市场危机时的收益率显著高于市场组合收益率,而波动率没有显著差别;隐含最小方差组合在市场危机时的波动率显著低于等权重和市值加权组合波动率,收益率则没有显著差别。综上所述,则可得出在市场危机时,最小方差组合可以打败被动策略投资组合。对比隐含最小方差组合与历史最小方差组合,隐含最小方差组合的波动率显著低于历史最小方差组合,而两者的收益率没有显著差别,但隐含最小方差组合的平均收益率要高于历史最小方差组合。由此本章可以得出在市场出现危机、市场恐慌情绪严重时,应用隐含信息可以优化最小方差投资组合的结论,与之前的逻辑推理相符。

表 6－3　市场波动剧烈时期的年化平均收益率和标准差

	$\bar{\sigma}$	$\bar{R}$
imv_MVP	0.388 3	－1.186 3
hist_MVP	0.395 6** (0.040 2)	－1.207 3 (0.512 9)
pass_1/N	0.478 4*** (0.000 0)	－1.533 9 (0.203 4)
pass_CW	0.404 1 (0.156 9)	－1.435 8 (0.113 9)
pass_50	0.437 0*** (0.000 5)	－1.589 1** (0.018 3)

注：括号中为 p－value，*、**、***分别代表 10%、5%、1%的显著性水平。

市场平稳时期分析

为了观察市场平稳时期的情况，本章筛选出在 MFIV 小于 0.2 的交易日构造的投资组合。表 6－4 展示了 5 种投资组合的年化平均收益率（ $\bar{R}$ ）和年化平均标准差（ $\bar{\sigma}$ ）。从中可以看出，在市场平稳时期，隐含最小方差组合的波动率依然显著小于被动策略组合，但与历史最小方差组合没有显著差异；隐含最小方差组合的收益率显著小于市场组合和市值加权组合，显著大于等权重组合，与历史最小方差组合没有显著差别。由此，本章得出结论，当市场处于平稳时期，期权隐含信息并不能对最小方差组合进行优化，这可能是由于在估计方差协方差矩阵时还使用了历史数据，并没有完全使用期权数据进行估计所致。由于国内目前尚未推出个股期权，这也导致本章的研究无法进一步展开。

表 6－4　市场平稳时期的年化平均收益率和标准差

	$\bar{\sigma}$	$\bar{R}$
imv_MVP	0.090 6	0.149 7
hist_MVP	0.090 8 (0.648 3)	0.144 1 (0.103 2)
pass_1/N	0.106 9*** (0.000 0)	0.097 2*** (0.005 7)

续表

	$\bar{\sigma}$	$\bar{R}$
pass_CW	0.103 4*** (0.000 0)	0.256 9*** (0.000 0)
pass_50	0.106 0*** (0.000 0)	0.256 9*** (0.000 0)

注：括号中为 p－value，*、**、***分别代表 10%、5%、1%的显著性水平。

6.4 本章小结

第 4 章和第 5 章从期权隐含信息的角度探究了收益率和波动率的预测问题，是偏向统计意义上的实证检验，缺乏深度的经济含义的挖掘。为此，在本章中开始考虑将预测问题转向实践性和应用性更强的投资组合中。由于第 4 章的隐含波动率价差对日度收益率并没有显著的预测能力，使得本章无法进一步构建收益率择时策略，但仍然可以依据第 5 章的内容构建波动率择时策略。因此，本章从期权隐含信息的角度探究了单风险和多风险资产的配置问题。

单风险资产解决的是在上证 50ETF 和无风险资产之间的配置问题。在实现投资者效用最大化的框架下，本章推导出风险资产的配置权重。通过对表达式的分析可知，投资者的风险厌恶程度越高，或者预期市场未来的波动水平上升时，投资者会减少在风险资产的配置比例。第 5 章的内容已经表明，HAR－RV－IV 模型对未来已实现波动率的预测精度要高于 HAR－RV 和 HAR－IV，因此基于 HAR－RV－IV 模型给出的市场波动率预期值而构建的投资组合会给投资者带来更高的效用水平，这同时也进一步强化了该模型的经济价值。

进一步，本章使用从期权价格中计算的无模型隐含波动率 MFIV，估计出半历史半隐含的方差协方差矩阵。由于期权价格中涵盖了市场参与者对未来市场走势的预期，包含着关于未来的信息，因此这种估计方法是向前看的，具有一定的前瞻性。在此基础上，本章以上证 50

指数的 50 个成分股为资产池，构建了半历史半隐含的最小方差组合以及其他 4 种基准组合。实证结果表明，半历史半隐含的最小方差组合只有在市场危机时期，即在期权隐含信息含量较多时，才能够打败其他 4 种基准组合。该结论与 Alexander et al.（2014）发现的在市场风险时期，隐含信息对最小方差投资组合的优化更加明显的观点相一致。

最近几年，我国的期权市场发展迅速，但在市场的广度和深度上仍存在一定的局限性。首先，由于目前我国尚未推出个股期权，这也限制了本章完全使用期权的隐含信息完成对方差协方差矩阵的估计。其次，上证 50 指数的成分股大多是银行和券商股，投资领域的资产池数量和资产性质也可能会影响到本章的实证结果。由于我国期权种类有限，没办法进行更深入的研究。在未来，使用期权的隐含信息进行风险管理和资产配置是一个有前景的研究方向。相比基于传统的统计信息的决策过程，基于金融市场隐含信息的决策过程具有以下优势：信息的获取是公开、及时和准确的，不仅反映了历史进程，同时含有市场参与主体对未来的判断和预期。随着我国资本市场发展步伐的不断加快，将会有越来越多的期权产品来满足市场投资者日益增长的风险管理需求。期权市场必将作为我国资本市场的一个重要组成部分，服务于市场参与者的风险管理和投资决策，服务于实体经济的发展。

第 7 章　结论及展望

7.1　主要研究结论

本书使用 2015 年 2 月 9 日至 2020 年 12 月 31 日的上证 50ETF 期权数据，从期权隐含信息的角度出发，探究了收益率预测、波动率预测和投资组合问题。在第 2 章围绕研究内容对国内外文献进行回顾，通过文献述评，指出已有文献的研究不足。第 3 章对我国期权市场的发展历史、现状和特点进行阐述，并指出与美国期权市场的差异所在。全面充分的市场描述，是本书研究的出发点，为后续章节的研究打下了坚实的基础。由于我国看涨和看跌期权的隐含波动率存在显著差异，本书在第 4 章通过构建隐含波动率价差探究了隔夜和日内收益率的预测问题。由于中国波指的停更，本书在第 5 章通过构建隐含波动率指数探究其在已实现波动率预测中的信息增量问题。结合上两章的内容，本书在第 6 章探究了期权隐含信息在单风险和多风险资产的优化配置方面的问题。下面将对实证各章节的研究内容进行总结。

第 3 章简要回顾了期权的历史渊源及在海外发达和新兴市场的发展情况，然后对我国期权市场的发展概况进行介绍。相对美国发达成熟的期权市场，我国期权市场存在以下特点：第一，上证 50 指数的成分股主要集中于金融业和制造业。同时，上证 50ETF 期权存在行权价格间距较大的特点，对个人投资者的期权交易实行严格的权限管理。从成交量上看，平值和虚值以及剩余期限在 60 天以内的期权合约的交易最为活跃。第二，上证 50ETF 期权的“微笑曲线”呈现出独具特色的对称或右偏形态，期权的隐含波动率价差显著存在。由此引出第 4 章的隐含波动率价差对标的资产收益率预测能力的研究内容。第三，我国市场具有明显的高波动特征。2015—2020 年，上证 50ETF 的隐含波动率的平均值是 24.13%，已实现波动率的平均值是 17.74%。同期，美国市场 S&P 500 指数的隐含波动率的平均值是 14.95%，已实现波动率的平均值是 9.44%。因此，提高波动率预测精度，进而增强投资组合的长期收益水平显得尤为重要，这对第 5 章和第 6 章的研究内容产生启发。

第 4 章通过构造三个隐含波动率价差指标来刻画“微笑曲线”在左侧、平值和右侧的倾斜程度，进而探究其对隔夜和日内收益率的预测能力，主要结论如下：无论是使用日频还是周频的数据，三个价差指标对隔夜收益率均具有显著的预测能力，且具有和理论分析相一致的影响方向，而对日内收益率的预测虽然显著但在影响方向上却与隔夜收益率相反，这解释了隐含波动率价差对日度收益率没有显著预测能力的原因。同样的现象也存在于向前多期的预测之中，随着预测窗口的增加，隐含波动率价差对隔夜和日内收益率的影响大小和显著程度会逐渐下降。马尔可夫区制转移回归将市场隐含地划分为高和低两种波动状态，实证结果表明，当市场处于高波动状态时，隐含波动率价差对隔夜收益率的预测能力更大且更显著；而市场处于低波动状态时，日内收益率的反转效应要更加显著。样本外的检验结果确定了价差指标的信息增量。二元 GARCH 模型表明，期权市场对现货市场的信息溢出效应主要集中在隔夜阶段，而在日内时段，期权市场对现货市场的信息溢出效应并不显著，从而为本章的研究提供了内在的机制解释。

第 5 章借鉴 Whaley（2000）的方法构建了隐含波动率指数，将其简称为 CVX 指数，并对其行为特征和信息含量进行探讨，主要结论如下：在“周内效应”上，CVX 指数从周五至周一有明显的上升趋势，在周二之后会趋于回落。在“杠杆效应”上，CVX 指数与上证 50ETF 的收益率存在负向且非对称的同期关系，即负收益率时隐含波动率的增加要大于正收益率时隐含波动率的减少。在预测未来已实现波动率方面，结果表明，CVX 指数包含了提高样本内和样本外预测效果的重要信息。在样本内，本章发现在 HAR－RV 模型中加入隐含方差能够显著地提高模型的拟合能力，表明隐含波动率包含预测已实现波动率的重要信息。在样本外，CVX 指数同样起到重要的作用，MZ 回归和包含回归检验证实了这一点。

第 6 章则在前面章节的基础上，从期权隐含信息的角度探究了单风险和多风险资产的配置问题，主要结论如下：对单风险资产的优化配置表明，由于加入隐含波动率指数的 HAR－RV－IV 模型对未来已实现波动率的预测精度要高于 HAR－RV 和 HAR－IV，因此基于该模型给出的市场波动率预期值而构建的投资组合会给投资者带来更高的效用水平，这同时也进一步强化了该模型的经济价值。对多风险资产的优化配置表明，半历史半隐含的最小方差组合只有在市场危机时期，即在期权隐含信息含量较多时，才能够打败其他 4 种基准组合，而在市场处于平静时期，优化效果并不显著。

总之，第 4 章探究了收益率的预测，第 5 章探究了波动率的预测。但由于第 4 章的结果显示隐含波动率价差对日度收益率并没有显著的预测作用，仅体现在隔夜阶段，因此收益率择时便无法应用于投资组合之中。于是，第 6 章以第 5 章的内容展开，研究了单风险资产波动率择时问题，并推广至多风险资产的情形。本书的第 3～6 章具有内在的逻辑统一性。

7.2　研究不足之处

虽然我国期权市场得到了飞速发展，但同时存在金融期权品种不完善、投资者可参与品种较少，场内市场和场外市场发展不均衡，期权参与者门槛较高、市场活跃度受限等缺点。期权市场在广度和深度上的不足也限制了本书的进一步研究。总的来说，本书研究的不足之处有以下几点。

首先，本书在构建隐含波动率价差指标时，利用看涨和看跌期权使用不同在值程度的合约，前后共计算并比较了十多种价差指标对收益率的预测效果，无论是使用日频还是周频的数据，结果都大同小异，这些价差指标仅对隔夜收益率的预测具有和预期相一致的符号和显著性，对日度收益率却没有得到显著的结果。利用期权数据构建一个能够对日度收益率有着显著预测能力的指标并通过样本外的检验是具有重要意义的。这不仅能够说明我国期权市场的有效性，而且还对投资者加强风险管理和提高投资收益具有借鉴价值。关于这方面未来的研究方向，一是考察其他的指标。隐含波动率价差本质上属于价格层面的指标，除此之外还可以考虑使用高频数据构建交易量方面的指标，这也对数据的质量提出了更高的要求。通过判断每一笔期权交易的类型，即买入卖出、开仓平仓，计算买卖力量的对比指标来实现对标的资产收益率的预测。二是考虑其他的模型和预测方法。在波动率预测的相关文献中，通过构建时变系数模型或利用预测误差动量效应的方法，均可以提高已有模型的预测能力，这对收益率预测的文献同样具有借鉴价值。

其次，本书在探究隐含波动率指数的信息增量时，所构建的 CVX 指数本质是一个平值 30 天的隐含波动率，未对期限结构的维度进一步展开讨论。原因在于剩余期限在 60 天以外的期权合约的交易并不活跃，信息含量较低。注意到中金所新上市的沪深 300 股指期权涵盖了 6 个期限的合约类型，比上证 50ETF 期权多出 2 个期限的合约。隐含波动率的期限结构是“微笑曲线”之外的另一个重要的维度。随着投资者参与期权市场的活跃度不断上升，远期限合约的交易量必定增加，比较不同期限合约的信息含量水平的高低，或者综合不同投资期限的交易者的信息来进一步提高波动率的预测精度都是具有研究意义的。

最后，本书在探究多风险资产配置问题时，虽然将期权隐含信息融入最小方差组合的方差协方差矩阵的估计中，但仍然用到了历史数据，并没有构建出完全隐含的方差协方差矩阵。这主要受限于我国还未推出场内交易的个股期权，使得资产之间的相关性还需要依赖历史数据进行估计。这一限制也导致最后的实证结果只在市场处于高波动的时期具有显著性，在市场平静阶段却不具有显著性。但随着我国未来期权品种的不断丰富，这一现状必然会得到改善，未来研究完全使用期权数据构建隐含的方差协方差矩阵，进而用于优化资产配置，也是一个有意义的研究方向。

7.3　我国期权市场展望

虽然我国期权市场起步较晚，但发展却十分迅速；虽然我国期权市场仍存在一些不完善的地方，但在维护国民经济的高质量增长和金融市场的健康稳定发展中发挥了不可替代的作用。场内期权的推出，顺应了我国资本市场高速发展的时代潮流，满足了市场投资者日益增长的风险管理需求。截至 2021 年底，我国期权市场共有 24 个品种，其中 3 个 ETF 期权，1 个股指期权，20 个商品期权。其中，商品期权已经涵盖了农产品、能源化工、黑色金属、有色金属和贵金属等板块，在服务实体经济和国家战略中发挥着重要作用。

在未来，期权市场仍是我国衍生品市场发展的方向。从风险管理的角度，相比期货，期权是一种更加精细的风险管理工具，能够更加有效精准地度量风险。期权价格中的隐含信息能够反映投资者对标的资产未来收益和风险的预期，可以为政府部门的宏观决策以及监管部门的预研预判提供及时可靠的参考。同时，也可以帮助实体企业实现管理价格风险和锁定生产利润的经营目标，帮助金融市场的参与者规避市场价格的不利变动并增加投资收益。从市场创新的角度，金融机构可以推进金融业务和产品的创新，构建更加丰富的投资策略，设计出更加优质的理财产品，满足广大群众的投资需求，让更多的人民群众分享到资本市场改革创新的发展成果。

参考文献

[1] 陈蓉，方昆明. 波动率风险溢酬：时变特征及影响因素［J］. 系统工程理论与实践，2011，31（4）：761－770.

[2] 陈蓉，廖木英，徐婉菁. 期权隐含偏度风险溢酬：来自中国台湾市场的证据［J］. 系统工程理论与实践，2016，36（5）：1099—1108.

[3] 丛明舒. 中国场内期权市场研究——基于中美关于期权隐含方差的差异［J］. 金融研究，2018，462（12）：189－206.

[4] 李蒲江，郭彦峰. 基于中国隐含波动率和方差溢价的实证研究［J］. 统计研究，2017，34（10）：77－87.

[5] 梁朝晖，郭翔. 基于期权隐含波动率的股市风险预警研究［J］. 上海金融，2020（7）：39－44.

[6] 刘庞庞. 期权市场对现货市场波动率影响的实证分析——基于上证50ETF 期权上市前后的比较［J］. 统计与信息论坛，2017，32（10）：50－58.

[7] 刘杨树，郑振龙，张晓南. 风险中性高阶矩：特征、风险与应用［J］. 系统工程理论与实践，2012（3）：647－655.

[8] 倪中新，郭婧，王琳玉. 上证 50ETF 期权隐含波动率微笑形态的风险信息容量研究［J］. 财经研究，2020，46（04）：155－169.

[9] 屈满学，王鹏飞. 我国波动率指数预测能力研究——基于隐含波动率的信息比较［J］. 经济问题，2017（1）：60－66.

[10] 王鹏，吴金宴. 基于高阶协矩视角的沪港股市风险传染分析［J］. 管理科学学报，2018，6:29－42.

[11] 韦晓静. 基于双重差分模型期权对股市波动性的实证检验[J]. 统计与决策, 2018(9): 164 – 168.

[12] 杨兴林, 王鹏. 基于时变波动率的 50ETF 参数欧式期权定价[J]. 数理统计与管理, 2018, 37(1): 162 – 178.

[13] 张兵. 中国资本市场的 T+1 交易制度研究：隔夜收益率视角[J]. 管理世界, 2020, 36(12): 26 – 35.

[14] 郑振龙, 黄珊珊, 郭博洋. 外汇期权信息含量与在岸离岸市场效率[J]. 金融研究, 2019, 472(10): 21 – 39.

[15] 郑振龙, 郑国忠. 隐含高阶协矩：提取、分析及交易策略[J]. 统计研究, 2017, 34(4): 101 – 111.

[16] 郑振龙, 秦明. 隐含波动率与实际波动率的关系：中美比较[J]. 管理科学, 2018, 31(006): 58 – 73.

[17] Ait-Sahalia Y, Fan J, Li Y. The leverage effect puzzle: Disentangling sources of bias at high frequency [J]. Journal of Financial Economics, 2013, 109(1): 224 – 249.

[18] Amaya D, Christoffersen P, Jacobs K, et al. Does realized skewness predict the cross-section of equity returns? [J]. Journal of Financial Economics, 2015, 118(1): 135 – 167.

[19] Amihud Y. Illiquidity and stock returns: cross-section and time-series effects [J]. Journal of financial markets, 2002, 5(1): 31 – 56.

[20] Amin K, Coval J D, Seyhun H N. Index option prices and stock market momentum [J]. The Journal of Business, 2004, 77(4): 835 – 874.

[21] Ammann M, Feser A. Option-implied Value-at-Risk and the cross-section of stock returns [J]. Review of Derivatives Research, 2019, 22(3): 449 – 474.

[22] Andersen T G, Bollerslev T, Diebold F X, et al. Modeling and

forecasting realized volatility [J]. Econometrica, 2003, 71(2): 579 – 625.

[23] Andersen T G, Bollerslev T, Diebold F X. Roughing it up: Including jump components in the measurement, modeling, and forecasting of return volatility [J]. The review of economics and statistics, 2007, 89(4): 701 – 720.

[24] Andersen T G, Bollerslev T. Answering the skeptics: Yes, standard volatility models do provide accurate forecasts [J]. International economic review, 1998: 885 – 905.

[25] Atilgan Y, Bali T G, Demirtas K O. Implied volatility spreads and expected market returns [J]. Journal of Business & Economic Statistics, 2015, 33(1): 87 – 101.

[26] Baker M, Wurgler J. Investor sentiment and the cross-section of stock returns [J]. The journal of Finance, 2006, 61(4): 1645 – 1680.

[27] Bakshi G, Kapadia N, Madan D. Stock return characteristics, skew laws, and the differential pricing of individual equity options [J]. The Review of Financial Studies, 2003, 16(1): 101 – 143.

[28] Bakshi G, Kapadia N. Delta-hedged gains and the negative market volatility risk premium [J]. The Review of Financial Studies, 2003, 16(2): 527 – 566.

[29] Bakshi G, Madan D. Spanning and derivative-security valuation [J]. Journal of financial economics, 2000, 55(2): 205 – 238.

[30] Bali T G, Hovakimian A. Volatility spreads and expected stock returns [J]. Management Science, 2009, 55(11): 1797 – 1812.

[31] Bali T G, Murray S. Does risk-neutral skewness predict the cross-section of equity option portfolio returns? [J]. Journal of Financial and Quantitative Analysis, 2013, 48(4): 1145 – 1171.

[32] Bali T G, Zhou H. Risk, uncertainty, and expected returns[J]. Journal of Financial and Quantitative Analysis, 2016, 51(3): 707 – 735.

[33] Baltussen G, van der Grient B, de Groot W, et al. Exploiting option information in the equity market [J]. Financial Analysts Journal, 2012, 68(4): 56 – 72.

[34] Bandi F M, Russell J R, Zhu Y. Using high-frequency data in dynamic portfolio choice [J]. Econometric Reviews, 2008, 27(1 – 3): 163 – 198.

[35] Bandi F M, Russell J R. Separating microstructure noise from volatility[J] Journal of Financial Economics, 2006, 79(3): 655 – 692.

[36] Barnea A, Hogan R. Quantifying the variance risk premium in VIX options [J]. The Journal of Portfolio Management, 2012, 38(3): 143 – 148.

[37] Bates D S. Jumps and stochastic volatility: Exchange rate processes implicit in deutsche mark options [J]. The Review of Financial Studies, 1996, 9(1): 69 – 107.

[38] Bates D S. Maximum likelihood estimation of latent affine processes [J]. The Review of Financial Studies, 2006, 19(3): 909 – 965.

[39] Bates D S. The crash of '87: was it expected? The evidence from options markets[J] The journal of finance, 1991, 46(3): 1009 – 1044.

[40] Becker R, Clements A E, White S I. Does implied volatility provide any information beyond that captured in model-based volatility forecasts? [J]. Journal of Banking & Finance, 2007, 31(8): 2535 – 2549.

[41] Bekierman J, Manner H. Forecasting realized variance measures using time-varying coefficient models [J]. International Journal of Forecasting, 2018, 34(2): 276 – 287.

[42] Bilson J F O, Kang S B, Luo H. The term structure of implied dividend yields and expected returns [J]. Economics Letters, 2015, 128: 9 – 13.

[43] Black F, Scholes M. The pricing of options and corporate liabilities [M] //World Scientific Reference on Contingent Claims Analysis in Corporate Finance: Volume 1: Foundations of CCA and Equity Valuation. 2019: 3 – 21.

[44] Black, F.(1976)Studies of Stock Price Volatility Changes. In: Proceedings of the 1976 Meeting of the Business and Economic Statistics Section, American Statistical Association, Washington DC, 177 – 181.

[45] Blair B J, Poon S H, Taylor S J. Forecasting S&P 100 volatility: the incremental information content of implied volatilities and high-frequency index returns [M] //Handbook of quantitative finance and risk management. Springer, Boston, MA, 2010: 1333 – 1344.

[46] Blau B M, Nguyen N, Whitby R J. The information content of option ratios [J]. Journal of Banking & Finance, 2014, 43: 179 – 187.

[47] Bollerslev T, Gibson M, Zhou H. Dynamic estimation of volatility risk premia and investor risk aversion from option-implied and realized volatilities [J]. Journal of econometrics, 2011, 160(1): 235 – 245.

[48] Bollerslev T, Patton A J, Quaedvlieg R. Exploiting the errors: A simple approach for improved volatility forecasting [J]. Journal of Econometrics, 2016, 192(1): 1 – 18.

[49] Bollerslev T, Tauchen G, Zhou H. Expected stock returns and variance risk premia [J]. The Review of Financial Studies, 2009, 22(11): 4463 – 4492.

[50] Bollerslev T. Generalized autoregressive conditional heteroskedasticity [J]. Journal of econometrics, 1986, 31(3): 307 – 327.

[51] Breeden D T, Litzenberger R H. Prices of state-contingent claims implicit in option prices [J]. Journal of business, 1978: 621 – 651.

[52] Britten-Jones M, Neuberger A. Option prices, implied price processes, and stochastic volatility[J]. The journal of Finance, 2000, 55(2): 839 – 866.

[53] Buncic D, Gisler K I M. Global equity market volatility spillovers: A broader role for the United States [J]. International Journal of Forecasting, 2016, 32(4): 1317 – 1339.

[54] Buncic D, Gisler K I M. The role of jumps and leverage in forecasting volatility in international equity markets [J]. Journal of International Money and Finance, 2017, 79: 1 – 19.

[55] Buss A, Vilkov G. Measuring equity risk with option-implied correlations [J]. The Review of Financial Studies, 2012, 25(10): 3113 – 3140.

[56] Campbell J Y, Hentschel L. No news is good news: An asymmetric model of changing volatility in stock returns [J]. Journal of financial Economics, 1992, 31(3): 281 – 318.

[57] Canina L, Figlewski S. The informational content of implied volatility[J] The Review of Financial Studies, 1993, 6(3): 659 – 681.

[58] Cao C, Chen Z, Griffin J M. Informational content of option volume prior to takeovers [J]. The Journal of Business, 2005, 78(3): 1073 – 1109.

[59] Carr P, Madan D. Option valuation using the fast Fourier transform [J]. Journal of computational finance, 1999, 2(4): 61 – 73.

[60] Carr P, Wu L. Variance risk premiums [J]. The Review of Financial

Studies, 2009, 22(3): 1311 – 1341.

[61] Chakravarty S, Gulen H, Mayhew S. Informed trading in stock and option markets[J]. The Journal of Finance, 2004, 59(3): 1235 – 1257.

[62] Chang B Y, Christoffersen P, Jacobs K, et al. Option-implied measures of equity risk [J]. Review of Finance, 2012, 16(2): 385 – 428.

[63] Chang B Y, Christoffersen P, Jacobs K. Market skewness risk and the cross section of stock returns [J]. Journal of Financial Economics, 2013, 107(1): 46 – 68.

[64] Chiras D P, Manaster S. The information content of option prices and a test of market efficiency [J]. Journal of Financial Economics, 1978, 6(2 – 3): 213 – 234.

[65] Christensen B J, Prabhala N R. The relation between implied and realized volatility [J]. Journal of financial economics, 1998, 50(2): 125 – 150.

[66] Christie A A. The stochastic behavior of common stock variances: Value, leverage and interest rate effects [J]. Journal of financial Economics, 1982, 10(4): 407 – 432.

[67] Christoffersen P, Feunou B, Jacobs K, et al. The economic value of realized volatility: Using high-frequency returns for option valuation [J]. Journal of Financial and Quantitative Analysis, 2014, 49(3): 663 – 697.

[68] Christoffersen P, Heston S, Jacobs K. Capturing option anomalies with a variance-dependent pricing kernel [J]. The Review of Financial Studies, 2013, 26(8): 1963 – 2006.

[69] Christoffersen P, Heston S, Jacobs K. Option valuation with

conditional skewness [J]. Journal of Econometrics, 2006, 131(1 – 2): 253 – 284.

[70] Christoffersen P, Jacobs K, Ornthanalai C, et al. Option valuation with long-run and short-run volatility components [J]. Journal of Financial Economics, 2008, 90(3): 272 – 297.

[71] Christoffersen P, Jacobs K, Ornthanalai C. Dynamic jump intensities and risk premiums: Evidence from S&P500 returns and options [J]. Journal of Financial Economics, 2012, 106(3): 447 – 472.

[72] Chu X, Gu Z, Zhou H. Intraday momentum and reversal in Chinese stock market [J]. Finance Research Letters, 2019, 30: 83 – 88.

[73] Clark T E, West K D. Approximately normal tests for equal predictive accuracy in nested models[J]. Journal of econometrics, 2007, 138(1): 291 – 311.

[74] Conrad J, Dittmar R F, Ghysels E. Ex ante skewness and expected stock returns [J]. The Journal of Finance, 2013, 68(1): 85 – 124.

[75] Corsi F, Fusari N, La Vecchia D. Realizing smiles: Options pricing with realized volatility [J]. Journal of Financial Economics, 2013, 107(2): 284 – 304.

[76] Corsi F, Renò R. Discrete-time volatility forecasting with persistent leverage effect and the link with continuous-time volatility modeling [J]. Journal of Business & Economic Statistics, 2012, 30(3): 368 – 380.

[77] Corsi F. A simple approximate long-memory model of realized volatility [J]. Journal of Financial Econometrics, 2009, 7(2): 174 – 196.

[78] Cremers M, Weinbaum D. Deviations from put-call parity and stock return predictability [J]. Journal of Financial and Quantitative

Analysis, 2010, 45(2): 335 – 367.

[79] Cremers M, Weinbaum D. Deviations from put-call parity and stock return [J]. 2010.

[80] Cubadda G, Guardabascio B, Hecq A. A vector heterogeneous autoregressive index model for realized volatility measures [J]. International Journal of Forecasting, 2017, 33(2): 337 – 344.

[81] Degiannakis S, Filis G. Forecasting oil price realized volatility using information channels from other asset classes [J]. Journal of International Money and Finance, 2017, 76: 28 – 49.

[82] Della Corte P, Ramadorai T, Sarno L. Volatility risk premia and exchange rate predictability [J]. Journal of Financial Economics, 2016, 120(1): 21 – 40.

[83] DellaVigna S, Pollet J M. Investor inattention and Friday earnings announcements [J]. The Journal of Finance, 2009, 64(2): 709 – 749.

[84] DeMiguel V, Plyakha Y, Uppal R, et al. Improving portfolio selection using option-implied volatility and skewness [J]. Journal of Financial and Quantitative Analysis, 2013, 48(6): 1813 – 1845.

[85] Dennis P, Mayhew S, Stivers C. Stock returns, implied volatility innovations, and the asymmetric volatility phenomenon [J]. Journal of Financial and Quantitative Analysis, 2006, 41(2): 381 – 406.

[86] Derman E, Kani I, Goldman N C. Implied trinomial trees of the volatility smile [C] //Journal of Derivatives. 1996.

[87] Derman E, Kani I. Riding on a smile [J]. Risk, 1994, 7(2): 32 – 39.

[88] Derman E, Kani I. Stochastic implied trees: Arbitrage pricing with stochastic term and strike structure of volatility [J]. International journal of theoretical and applied finance, 1998, 1(01): 61 – 110.

[89] Diebold F X, Mariano R S. Comparing predictive accuracy [J]. Journal of Business & economic statistics, 2002, 20(1): 134 – 144.

[90] Diltz J D, Kim S. The relationship between stock and option price changes [J]. Financial Review, 1996, 31(3): 499 – 519.

[91] Doran J S, Krieger K. Implications for asset returns in the implied volatility skew [J]. Financial Analysts Journal, 2010, 66(1): 65 – 76.

[92] Duan J C, Dudley E, Gauthier G, et al. Pricing discretely monitored barrier options by a Markov chain [J]. The Journal of Derivatives, 2003, 10(4): 9 – 31.

[93] Duan J C. The GARCH option pricing model [J]. Mathematical finance, 1995, 5(1): 13 – 32.

[94] Dumas B, Fleming J, Whaley R E. Implied volatility functions: Empirical tests [J]. The Journal of Finance, 1998, 53(6): 2059 – 2106.

[95] Dupire B. Pricing with a smile [J]. Risk, 1994, 7(1): 18 – 20.

[96] Easley D, O'hara M, Srinivas P S. Option volume and stock prices: Evidence on where informed traders trade [J]. The Journal of Finance, 1998, 53(2): 431 – 465.

[97] Engle R F, Ng V K. Measuring and testing the impact of news on volatility [J]. The journal of finance, 1993, 48(5): 1749 – 1778.

[98] Engle R F. Autoregressive conditional heteroscedasticity with estimates of the variance of United Kingdom inflation [J]. Econometrica: Journal of the econometric society, 1982: 987 – 1007.

[99] Fleming J, Kirby C, Ostdiek B. The economic value of volatility timing using "realized" volatility [J]. Journal of Financial Economics, 2003, 67(3): 473 – 509.

[100] Fleming J, Kirby C, Ostdiek B. The economic value of volatility timing [J]. The Journal of Finance, 2001, 56(1): 329 – 352.

[101] Fleming J, Ostdiek B, Whaley R E. Predicting stock market volatility: A new measure [J]. Journal of Futures Markets, 1995, 15(3): 265 – 302.

[102] French D W, Groth J C, Kolari J W. Current investor expectations and better betas [J]. The Journal of Portfolio Management, 1983, 10(1): 12 – 17.

[103] French K R, Schwert G W, Stambaugh R F. Expected stock returns and volatility [J]. Journal of financial Economics, 1987, 19(1): 3 – 29.

[104] Frijns B, Tallau C, Tourani-Rad A. The information content of implied volatility: Evidence from Australia [J]. Journal of Futures Markets: Futures, Options, and Other Derivative Products, 2010, 30(2): 134 – 155.

[105] Fung J K W. The information content of option implied volatility surrounding the 1997 Hong Kong stock market crash [J]. Journal of Futures Markets: Futures, Options, and Other Derivative Products, 2007, 27(6): 555 – 574.

[106] Gao Y, Han X, Li Y, et al. Overnight momentum, informational shocks, and late informed trading in China [J]. International Review of Financial Analysis, 2019, 66: 101394.

[107] Ge L, Lin T C, Pearson N D. Why does the option to stock volume ratio predict stock returns? [J]. Journal of Financial Economics, 2016, 120(3): 601 – 622.

[108] Giot P, Laurent S. The information content of implied volatility in light of the jump/continuous decomposition of realized volatility [J]. Journal of Futures Markets: Futures, Options, and Other Derivative Products, 2007, 27(4): 337 – 359.

[109] Giot P. Implied volatility indexes and daily value at risk models[J]. The Journal of derivatives, 2005, 12(4): 54 – 64.

[110] Glosten L R, Jagannathan R, Runkle D E. On the relation between the expected value and the volatility of the nominal excess return on stocks [J]. The journal of finance, 1993, 48(5): 1779 – 1801.

[111] Gong X, Lin B. Structural breaks and volatility forecasting in the copper futures market [J]. Journal of Futures Markets, 2018, 38(3): 290 – 339.

[112] González-Urteaga A, Rubio G. The cross-sectional variation of volatility risk premia [J]. Journal of Financial Economics, 2016, 119(2): 353 – 370.

[113] Guo W, Gehricke S A, Ruan X, et al. The implied volatility smirk in SPY options [J]. Applied Economics, 2021, 53(23): 2671 – 2692.

[114] Hamilton J D, Wu J C. Risk premia in crude oil futures prices [J]. Journal of International Money and Finance, 2014, 42: 9 – 37.

[115] Han B, Li G. Information content of aggregate implied volatility spread [J]. Management Science, 2021, 67(2): 1249 – 1269.

[116] Hansen P R, Huang Z. Exponential GARCH modeling with realized measures of volatility [J]. Journal of Business & Economic Statistics, 2016, 34(2): 269 – 287.

[117] Harris R D F, Li X, Qiao F. Option-implied betas and the cross section of stock returns [J]. Journal of Futures Markets, 2019, 39(1): 94 – 108.

[118] Harvey C R, Siddique A. Conditional skewness in asset pricing tests [J]. The Journal of finance, 2000, 55(3): 1263 – 1295.

[119] Heston S L, Nandi S. A closed-form GARCH option valuation model [J]. The review of financial studies, 2000, 13(3): 585 – 625.

[120] Heston S L. A closed-form solution for options with stochastic volatility with applications to bond and currency options [J]. The review of financial studies, 1993, 6(2): 327 – 343.

[121] Heynen R, Kemna A, Vorst T. Analysis of the term structure of implied volatilities [J]. Journal of Financial and Quantitative Analysis, 1994, 29(1): 31 – 56.

[122] Hu J. Does option trading convey stock price information? [J]. Journal of Financial Economics, 2014, 111(3): 625 – 645.

[123] Inoue A, Jin L, Rossi B. Rolling window selection for out-of-sample forecasting with time-varying parameters [J]. Journal of Econometrics, 2017, 196(1): 55 – 67.

[124] Jiang G J, Tian Y S. Extracting model-free volatility from option prices: An examination of the VIX index [J]. The Journal of Derivatives, 2007, 14(3): 35 – 60.

[125] Jiang G J, Tian Y S. The model-free implied volatility and its information content [J]. The Review of Financial Studies, 2005, 18(4): 1305 – 1342.

[126] Jin W, Livnat J, Zhang Y. Option prices leading equity prices: Do option traders have an information advantage? [J]. Journal of Accounting Research, 2012, 50(2): 401 – 432.

[127] Johnson T L, So E C. The option to stock volume ratio and future returns [J]. Journal of Financial Economics, 2012, 106(2): 262 – 286.

[128] Kambouroudis D S, McMillan D G. Does VIX or volume improve GARCH volatility forecasts? [J]. Applied Economics, 2016, 48(13): 1210 – 1228.

[129] Kanniainen J, Lin B, Yang H. Estimating and using GARCH models

with VIX data for option valuation [J]. Journal of Banking & Finance, 2014, 43: 200 – 211.

[130] Kempf A, Korn O, Saßning S. Portfolio optimization using forward-looking information [J]. Review of Finance, 2015, 19(1): 467 – 490.

[131] Kim J S, Kim D H, Seo S W. Investor sentiment and return predictability of the option to stock volume ratio [J]. Financial Management, 2017, 46(3): 767 – 796.

[132] Kostakis A, Panigirtzoglou N, Skiadopoulos G. Market timing with option-implied distributions: A forward-looking approach [J]. Management Science, 2011, 57(7): 1231 – 1249.

[133] Langlois H. Measuring skewness premia [J]. Journal of Financial Economics, 2020, 135(2): 399 – 424.

[134] Leland H E. Option pricing and replication with transactions costs [J]. The journal of finance, 1985, 40(5): 1283 – 1301.

[135] Lewis A L. A simple option formula for general jump-diffusion and other exponential Lévy processes [J]. Available at SSRN 282110, 2001.

[136] Li J, Yao Y, Chen Y, et al. Option prices and stock market momentum: Evidence from China [J]. Quantitative Finance, 2018, 18(9): 1517 – 1529.

[137] Li J, Yu X, Luo X. Volatility index and the return–volatility relation: Intraday evidence from Chinese options market [J]. Journal of Futures Markets, 2019, 39(11): 1348 – 1359.

[138] Liang C, Wei Y, Zhang Y. Is implied volatility more informative for forecasting realized volatility: An international perspective [J]. Journal of Forecasting, 2020, 39(8): 1253 – 1276.

[139] Liu J, Ma F, Zhang Y. Forecasting the Chinese stock volatility across global stock markets [J]. Physica A: Statistical Mechanics and its Applications, 2019, 525: 466 – 477.

[140] Liu L Y, Patton A J, Sheppard K. Does anything beat 5 – minute RV? A comparison of realized measures across multiple asset classes [J]. Journal of Econometrics, 2015, 187(1): 293 – 311.

[141] Londono J M, Zhou H. Variance risk premiums and the forward premium puzzle [J]. Journal of Financial Economics, 2017, 124(2): 415 – 440.

[142] Lou D, Polk C, Skouras S. A tug of war: Overnight versus intraday expected returns [J]. Journal of Financial Economics, 2019, 134(1): 192 – 213.

[143] Ma F, Wei Y, Liu L, et al. Forecasting realized volatility of oil futures market: A new insight [J]. Journal of Forecasting, 2018, 37(4): 419 – 436.

[144] Majewski A A, Bormetti G, Corsi F. Smile from the past: A general option pricing framework with multiple volatility and leverage components [J]. Journal of Econometrics, 2015, 187(2): 521 – 531.

[145] Manaster S, Rendleman Jr R J. Option prices as predictors of equilibrium stock prices [J]. The Journal of Finance, 1982, 37(4): 1043 – 1057.

[146] Marquering W, Verbeek M. The economic value of predicting stock index returns and volatility [J]. Journal of Financial and Quantitative Analysis, 2004, 39(2): 407 – 429.

[147] Merton R C. Option pricing when underlying stock returns are

discontinuous [J]. Journal of financial economics, 1976, 3(1 – 2): 125 – 144.

[148] Merton R C. Theory of rational option pricing [J]. The Bell Journal of economics and management science, 1973: 141 – 183.

[149] Mincer J A, Zarnowitz V. The evaluation of economic forecasts [M] // Economic forecasts and expectations: Analysis of forecasting behavior and performance. NBER, 1969: 3 – 46.

[150] Muravyev D, Pearson N D, Pollet J M. Is there a risk premium in the stock lending market? evidence from equity options [J]. Evidence from Equity Options(April 29, 2016), 2016.

[151] Nelson D B. Conditional heteroskedasticity in asset returns: A new approach [J]. Econometrica: Journal of the Econometric Society, 1991: 347 – 370.

[152] Nolte I, Xu Q. The economic value of volatility timing with realized jumps [J]. Journal of Empirical Finance, 2015, 34: 45 – 59.

[153] Pan J, Poteshman A M. The information in option volume for future stock prices [J]. The Review of Financial Studies, 2006, 19(3): 871 – 908.

[154] Pati P C, Barai P, Rajib P. Forecasting stock market volatility and information content of implied volatility index [J]. Applied Economics, 2018, 50(23): 2552 – 2568.

[155] Peng H, Chen R, Mei D, et al. Forecasting the realized volatility of the Chinese stock market: Do the G7 stock markets help? [J]. Physica A: Statistical Mechanics and its Applications, 2018, 501: 78 – 85.

[156] Peters E E. Fractal structure in the capital markets [J]. Financial Analysts Journal, 1989, 45(4): 32 – 37.

[157] Rapach D E, Strauss J K, Zhou G. International stock return predictability: What is the role of the United States? [J]. The Journal of Finance, 2013, 68(4): 1633 – 1662.

[158] Rehman Z, Vilkov G. Risk-neutral skewness: Return predictability and its sources [J]. Available at SSRN 1301648, 2012.

[159] Roll R, Schwartz E, Subrahmanyam A. O/S: The relative trading activity in options and stock [J]. Journal of Financial Economics, 2010, 96(1): 1 – 17.

[160] Rossi B, Inoue A. Out-of-sample forecast tests robust to the choice of window size [J]. Journal of Business & Economic Statistics, 2012, 30(3): 432 – 453.

[161] Rourke T. The delta-and vega-related information content of near-the-money option market trading activity [J]. Journal of Financial Markets, 2014, 20: 175 – 193.

[162] Rubinstein M. Implied binomial trees [J]. The journal of finance, 1994, 49(3): 771 – 818.

[163] Schwert G W. Why does stock market volatility change over time? [J]. The journal of finance, 1989, 44(5): 1115 – 1153.

[164] Shen D, Urquhart A, Wang P. Forecasting the volatility of Bitcoin: The importance of jumps and structural breaks [J]. European Financial Management, 2020, 26(5): 1294 – 1323.

[165] Stephan J A, Whaley R E. Intraday price change and trading volume relations in the stock and stock option markets [J]. The Journal of Finance, 1990, 45(1): 191 – 220.

[166] Stilger P S, Kostakis A, Poon S H. What does risk-neutral skewness tell us about future stock returns? [J]. Management Science, 2017, 63(6): 1814 – 1834.

[167] Talukdar B, Daigler R T, Parhizgari A M. Expanding the explanations for the return–volatility relation [J]. Journal of Futures Markets, 2017, 37(7): 689 – 716.

[168] Wang Y H, Yen K C. The information content of the implied volatility term structure on future returns [J]. European Financial Management, 2019, 25(2): 380 – 406.

[169] Wang Y, Liang F, Wang T, et al. Does measurement error matter in volatility forecasting? Empirical evidence from the Chinese stock market [J]. Economic Modelling, 2020, 87: 148 – 157.

[170] Wang Y, Liu L, Ma F, et al. Momentum of return predictability [J]. Journal of Empirical Finance, 2018, 45: 141 – 156.

[171] Wang Y, Ma F, Wei Y, et al. Forecasting realized volatility in a changing world: A dynamic model averaging approach [J]. Journal of Banking & Finance, 2016, 64: 136 – 149.

[172] Welch I, Goyal A. A comprehensive look at the empirical performance of equity premium prediction [J]. The Review of Financial Studies, 2008, 21(4): 1455 – 1508.

[173] Whaley R E. Derivatives on market volatility: Hedging tools long overdue [J]. The journal of Derivatives, 1993, 1(1): 71 – 84.

[174] Whaley R E. The investor fear gauge [J]. The Journal of Portfolio Management, 2000, 26(3): 12 – 17.

[175] Xing Y, Zhang X, Zhao R. What does the individual option volatility smirk tell us about future equity returns? [J]. Journal of Financial

and Quantitative Analysis, 2010, 45(3): 641 – 662.

[176] Yoon J, Ruan X, Zhang J E. The Skewness Risk in the Energy Market [J]. Journal of Risk and Financial Management, 2021, 14(12): 620.

[177] Yu M, Inoue H, Takahashi S, et al. Dynamic portfolio selection with uncertainty [J]. International Journal of Uncertainty, Fuzziness and Knowledge-Based Systems, 2009, 17(02): 237 – 250.

[178] Yue T, Gehricke S A, Zhang J E, et al. The implied volatility smirk in the Chinese equity options market [J]. Pacific-Basin Finance Journal, 2021, 69: 101624.

[179] Zanger D Z. Convergence of a least-squares Monte Carlo algorithm for American option pricing with dependent sample data [J]. Mathematical Finance, 2018, 28(1): 447 – 479.

[180] Zhang J E, Xiang Y. The implied volatility smirk [J]. Quantitative Finance, 2008, 8(3): 263 – 284.

[181] Zhang Y, Ma F, Liao Y. Forecasting global equity market volatilities [J]. International Journal of Forecasting, 2020, 36(4): 1454 – 1475.

[182] Zhang Y, Ma F, Shi B, et al. Forecasting the prices of crude oil: An iterated combination approach [J]. Energy Economics, 2018, 70: 472 – 483.

[183] Zhang Y, Ma F, Wang T, et al. Out-of-sample volatility prediction: A new mixed-frequency approach [J]. Journal of Forecasting, 2019, 38(7): 669 – 680.

[184] Zhang Y, Wei Y, Zhang Y, et al. Forecasting oil price volatility: Forecast combination versus shrinkage method [J]. Energy Economics, 2019, 80: 423 – 433.

[185] Zheng Z, Jiang Z, Chen R. AVIX: An improved VIX based on stochastic interest rates and an adaptive screening mechanism [J]. Journal of Futures Markets, 2017, 37(4): 374 – 410.

[186] Zhou H. Variance risk premia, asset predictability puzzles, and macroeconomic uncertainty [J]. Annual Review of Financial Economics, 2018, 10: 481 – 497.